Peter Wotschke

Elektroplanung

BASI

Peter Wotschke

Elektroplanung

BIRKHÄUSER
BASEL

Inhalt

Vorwort

Die Elektroplanung ist ein Fachgebiet der Haustechnik, die normalerweise von spezialisierten Fachplanern erstellt wird. Architekten übernehmen in der Regel die Koordination und Kommunikation mit dem Auftraggeber und klären die Anforderungen. Daher ist es unerlässlich, dass Architekten sich mit den Inhalten und Möglichkeiten der Elektroplanungen auskennen, um diese in ihren Entwürfen zu berücksichtigen und auch mit den komplexen Anforderungen von Nutzern und Funktionen umzugehen.

Bestand vor einiger Zeit die Elektroinstallation eines Gebäudes im Wesentlichen noch aus der Versorgung mit Strom und Licht über Leitungen, Steckdosen und Schalter, so sind heutzutage komplex vernetzte Bauteile und intelligente Gebäudesteuerungen zu planen, welche konstruktive Bauteile wie Fenster und Türen an die Gebäudeautomation anschließen, aber auch bedarfsgerecht Licht, Luft und Wärme über die Haustechnik bereitstellen. Die Komplexität von Elektroplanungen in Gebäuden hat nicht zuletzt aufgrund der stetig steigenden Nutzeranforderungen und der energetischen Einsparung exponentiell zugenommen.

Um die Leitgedanken im Entwurf und die Schnittstellen zu allen weiteren Fachgebieten von Beginn an berücksichtigen zu können, ist ein fundiertes Wissen über die Anforderungen und Möglichkeiten der Elektroplanung notwendig. Dies umfasst neben den technischen Systemen vor allem das Verständnis für Zusammenhänge und die Kenntnis der Bandbreite der eingesetzten Installationen. Der Band *Basics Elektroplanung* schafft hierzu eine leicht verständliche und zugleich inhaltlich umfassende Einführung.

Bert Bielefeld, Herausgeber

Einleitung

Mit den technischen Möglichkeiten wachsen die Ansprüche, die Bauherren an moderne Gebäude stellen. Die Errichtung wie auch der Betrieb sollen mit hoher Sicherheit und großer Flexibilität über den gesamten Lebenszyklus hinweg erfolgen. Die haustechnischen Installationen sollen elektrisch betrieben, überwacht und gesteuert werden. Gleichzeitig soll von dem Gebäude eine geringe Umweltbelastung ausgehen und vor allem der Energieverbrauch so gering wie möglich sein. Bei der Reduktion der Umweltbelastung durch Gebäude ist daher die energetische Optimierung die wichtigste Maßnahme.

Für den Architekten bedeutet dies, über Funktionsweisen und technische Entwicklungen stets fundierte Kenntnisse zu haben, um die technischen Ansprüche der Bauherren umsetzen zu können.

Eine besondere Herausforderung ist die Abstimmung der haustechnischen Gewerke untereinander. Dazu gehören im Wesentlichen Heizung, Raumlufttechnik, Brandschutz, Einbruchschutz, Gebäudeleittechnik und elektrische Energieverteilung. Es gilt, die Anforderungen nicht einfach auf die einzelnen Gewerke heruntergebrochen, sondern aufeinander abgestimmt zu behandeln. Ein entscheidender Faktor ist die Vernetzung der Komponenten in der Elektroplanung.

Dieser Band ermöglicht einen Einstieg in die Planung elektrotechnischer Installationen und führt vom Starkstrom über den Schwachstrom hin zur Gebäudeleittechnik, um Architekten ein Grundverständnis für die Zusammenhänge zu bieten.

Grundlagen der Stromversorgung

Spannungsnetze

Die Standardversorgung für den Wohnungsbau erfolgt in der Regel durch das Niederspannungsnetz 230/400 V. Das Mittelspannungsnetz (10.000 V oder 20.000 V) versorgt Einrichtungen wie Krankenhäuser, Verwaltungsgebäude und Kaufhäuser, das Hochspannungsnetz (110.000 V) Industrieanlagen.

Stromarten

Bei Strom kann man je nach Stromstärke und Flussrichtung zwischen verschiedenen physischen Stromarten unterscheiden, beispielsweise zwischen:

- Gleichstrom, bei dem sich Stärke und Richtung des Stromflusses zeitlich nicht ändern. Solarzellen und Batterien liefern Gleichstrom, der zum Betrieb elektronischer Geräte benötigt wird.
- Wechselstrom, der seine Richtung periodisch ändert. In Deutschland beruht fast die gesamte elektrische Energieversorgung auf Wechselstrom. An Steckdosen liegt Wechselstrom an, mit dem die meisten Haushaltsgeräte betrieben werden.
- Drehstrom, einer Kombination mehrerer phasenverschobener Wechselströme. Haushalte werden mit Dreiphasen-Drehstrom versorgt. Geräte mit höherer Leistung werden meist über eine Drehstromsteckdose oder auch direkt ohne Steckdose angeschlossen, z. B. Elektroherd.
- Mischstrom, eine Überlagerung von Gleichstrom und Wechselstrom.

Des Weiteren unterscheidet man Stromarten in Graustrom aus verschiedenen Stromquellen und Ökostrom aus erneuerbaren Quellen. Die Produktion von Ökostrom basiert auf erneuerbaren Biomasse-Rohstoffen und auf Quellen wie Erdwärme, Sonne und Wind.

Stark- und Schwachstrom

Man kann die Stromversorgung entsprechend ihrer Nutzung in zwei Bereiche untergliedern: die Bereitstellung von Strom vor allem für den Anschluss von elektrischen Geräten über Steckdosen, den Starkstrom auf der einen Seite, und die Bereitstellung von Schwachstrom für den Betrieb von Informations- und Kommunikationseinrichtungen, mit denen vor allem der Betrieb des Gebäudes überwacht und gesteuert wird.

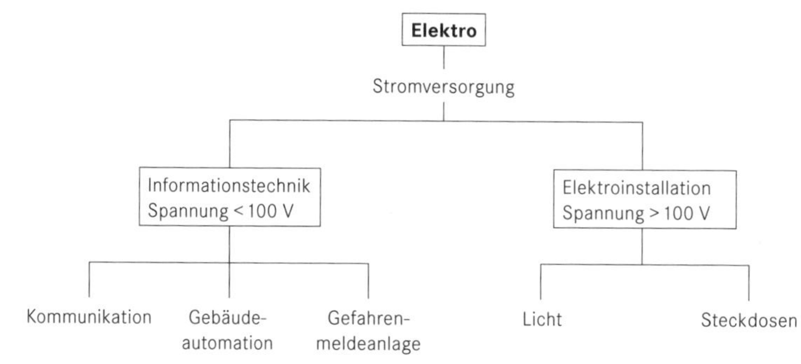

Abb. 1: Elektrotechnik in Gebäuden

STARKSTROM AUF DEM WEG ZUM VERBRAUCHER

Der Begriff Starkstrom wird umgangssprachlich für den Dreiphasen-Drehstrom gebraucht. Dieses Prinzip basiert auf drei miteinander verbundenen Wechselströmen, die den Transport von Strom im Netz ermöglichen.

Um Strom transportieren zu können, ist ein gewisser Wert an Spannung erforderlich. Sollen weite Strecken zurückgelegt werden, wird unter anderem die Hoch- oder sogar Höchstspannung verwendet. Sie ermöglicht aufgrund ihrer Leistungsfähigkeit den Energietransport in regionale beziehungsweise gebietsbedingte Netze.

Starkstrom beziehungsweise Dreiphasenstrom ist somit für den Transport und die anschließende Verteilung der Energie erforderlich. Dabei durchläuft der Starkstrom diverse Transformationsprozesse, bis er mit einer Spannung von 230 Volt oder 400 Volt beim Haushaltsverbraucher Verwendung findet. Spannungen bis maximal 1000 Volt bezeichnet man als Niederspannung. Mit Niederspannung arbeiten die meisten elektrischen Geräte in Haushalts-, Gewerbe- und Industrieanwendungen.

Technisch gesehen wird für die Erzeugung von Starkstrom ein Generator mit drei Spulen versehen, die kreisförmig angeordnet werden – daher der Begriff Dreiphasen-Wechselstrom. Hierdurch entstehen drei Wechselspannungen, die ihre Leistungsfähigkeit zu unterschiedlichen Zeiten abrufen und hierdurch eine eminente Leistung generieren.

Die Beförderung über weite Strecken und die anschließende Nutzung wird dadurch erst ermöglicht – beispielsweise vom Kraftwerk als Stromerzeuger bis zum Endverbraucher als Stromnutzer. > Abb. 2

Neben Starkstromanlagen gibt es noch weitere Spannungsanlagen zum Energietransport. Eine Starkstromanlage beinhaltet Netze mit einer Spannung von größer als 50 Volt und Strömen mit mehr als 2 Ampere.

Eine Starkstromanlage kann dabei in verschiedene Spannungsebenen unterteilt werden. > Tab. 1

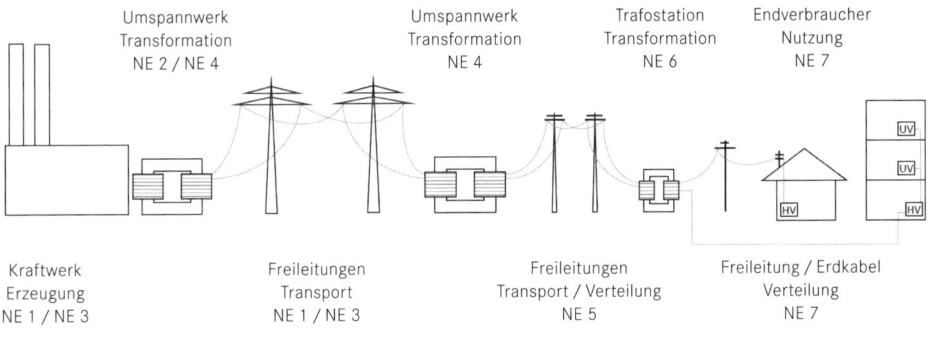

Abb. 2: Übersicht Starkstromnetz

Tab. 1: Netzebenenstruktur im Verbundsystem europäischer Stromnetzbetreiber

Netzebene	Beschreibung	Zuordnung	Spannung	Beispiele
NE 1	Überregionales Übertragungsnetz	Höchstspannungsnetz	220/380 kV	Großkraftwerke, Windparks, europäisches Verbundnetz
NE 2	Umspannwerk, Unterwerk	Höchst- auf Hochspannung		
NE 3	Überregionales Verteilnetz	Hochspannung	110 kV	Mittelgroße Kraftwerke, z. B. Bio- und Wasserkraftwerke
NE 4	Umspannwerk, Unterwerk	Hoch- auf Mittelspannung HS/MS		
NE 5	Regionales Verteilnetz	Mittelspannung	10/20/30 kV	Kleinkraftwerke, z. B. Windkraft- und Photovoltaik-Anlagen
NE 6	Transformatorstation	Mittel- auf Niederspannung MS/NS		
NE 7	Lokales Niederspannungsnetz	Niederspannung	230 V/400 V	Kleinkraftwerke, z. B. Photovoltaik-Anlagen Brennstoffzellen

In Abhängigkeit von zu übertragender Leistung und Länge des Transportweges wird die jeweilige Spannungsebene ausgewählt, um möglichst verlustarm die elektrische Energie vom Kraftwerk zum Verbraucher zu transportieren. Näherungsweise kann angenommen werden, dass die maximale Entfernung in Kilometern etwa der Spannung in Kilovolt entspricht. Der Wechsel der Spannungsebenen erfolgt mit Hilfe von Transformatoren in Umspannwerken, bei kleineren Spannungen in Transformatorstationen.

HOCH- UND MITTELSPANNUNGSANLAGEN

Für Hoch- und Mittelspannungsnetze sind neben den Leitungswegen vor allem Schaltanlagen und Transformatoren wesentliche Komponenten. Werden größere Gebäude oder Industrieanlagen mit Starkstrom versorgt, sind diese in die Planung zu integrieren.

Schaltanlagen

Als Schaltanlage bezeichnet man die Summe aller Komponenten, die in Schaltschränken in einem Schaltanlagenraum untergebracht sind. Schaltschränke beinhalten neben diversen weiteren Anlagenteilen vor allem die einzelnen Schaltgeräte. Schaltgeräte sind Geräte zum Verbinden (Einschalten) oder Unterbrechen (Ausschalten) von Stromkreisen, um diese vom Netz trennen, für kurzzeitige Arbeiten vom Netz nehmen oder erden zu können. Schaltanlagen für Hoch- und Mittelspannungsnetze werden in der Regel in eigenen Räumen bzw. Containern untergebracht, wobei diverse Schutzvorschriften zu beachten sind.

Transformatoren

Transformatoren sind eine der wesentlichen Komponenten für die Energieübertragung und -verteilung. Mit Hilfe von Transformatoren können Spannungen erhöht oder reduziert werden. Der Transformator besteht aus einem Eisenkern, der zwei Spulen (Primär- und Sekundärspule) miteinander verbindet. Wird an die Primärspule eine Wechselspannung angelegt, verursacht dies einen Wechselstrom, der in beiden Spulen ein sich änderndes Magnetfeld bewirkt.

In Abhängigkeit von der Anzahl der Windungen in den jeweiligen Spulen induziert das Magnetfeld eine gegenüber der Primärspannung erhöhte oder reduzierte Sekundärspannung in der Sekundärspule. Ihre Auslegung ergibt sich aus dem Anwendungsbereich, der Konstruktion, der Nennleistung und dem Übersetzungsverhältnis.

Das sich ändernde Magnetfeld bewirkt auch im Eisenkern Induktionsströme. Diese erwärmen den Eisenkern, was einen Energieverlust und einen Kühlbedarf zur Folge hat. Die Kühlung kann flüssig oder trocken erfolgen. Entsprechend werden Transformatoren unterschieden in ölgefüllte Drehstrom-Transformatoren („Öltransformatoren") und Drehstrom-Trocken-Transformatoren („GEAFOL-Transformatoren").

Öltransformatoren

In Öltransformatoren erfolgt die elektrische Isolierung wie auch die Kühlung über Mineralöl oder synthetische Öle. > Abb. 3 Der Einsatz derartiger Stoffe erfordert in der Planung besondere Maßnahmen des Gewässer- und Brandschutzes. So sind z. B. Auffangwannen und Sammelgruben vorzusehen, aus denen der Austritt von Flüssigkeiten verhindert werden muss. Weiter sind Räume feuerbeständig getrennt und Türen feuerhemmend auszuführen. Auffangwannen und Sammelgruben sind so anzuordnen, dass eine Brandausbreitung ausgeschlossen werden kann.

○

Trocken-Transformatoren

In Trocken-Transformatoren erfolgt die elektrische Isolierung z. B. über Epoxidharze oder feste Isolierstoffe. Gekühlt wird über Konvektion in der Umgebungsluft, was bei der Planung zu berücksichtigen ist. Gegenüber Öltransformatoren haben Gießharztransformatoren den Vorteil, dass mit dem Transformatorenöl auch die damit verbundene Brand- und

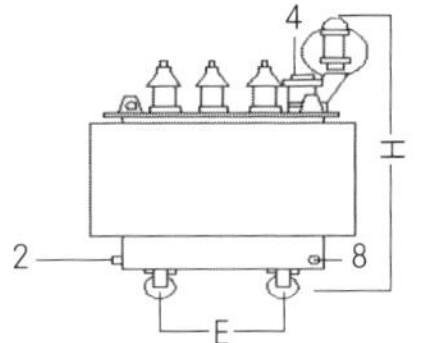

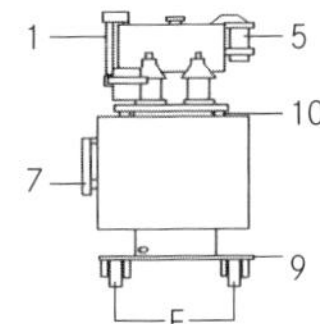

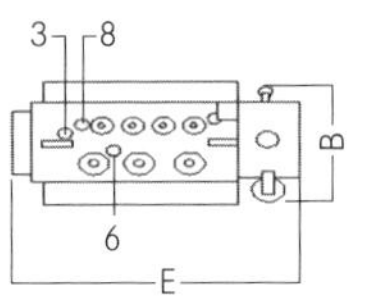

A = Länge
B = Breite
H = Höhe
E = Rollenachsabstand

1 Ölstandsanzeiger
2 Ölablassvorrichtung
3 Thermometertasche
4 Buchholzrelais (auf Bestellung)
5 Luftentfeuchter (auf Bestellung)
6 Einstellvorrichtung für Umsteller
7 Leistungsschild (umsetzbar)
8 Erdungen
9 Zugöse d = 30 mm
10 Zurröse

Abb. 3: Komponenten eines Öltransformators

Grundwassergefahr entfällt. Zudem sind sie nahezu wartungsfrei und können vergleichsweise einfach bewegt werden. Ihr Einsatz ist allerdings auf einen Leistungsbereich etwa 40 Megavoltampere (MVA) und eine Betriebsspannung bis 36 Kilovolt (kV) beschränkt. > Abb. 4 ○

Werden Transformatoren in Gebäuden untergebracht, so muss durch die Gebäudeplanung gewährleistet sein, dass die Transformatoren ausgetauscht werden können. Dadurch sind entsprechend große Außentüren, Anfahrtswege und gegebenenfalls Möglichkeiten vorzusehen, die Transformatoren auf Schienen aus dem Gebäude bewegen zu können.

○ **Hinweis:** Öltransformatoren finden Anwendung als Leistungstransformatoren etwa bei Energieversorgern in Übertragungs- und Verteilungsnetzwerken, in Raffinerien, Onshore- und Offshore-Plattformen.

○ **Hinweis:** Gießharztransformatoren finden vorwiegend Anwendung als Verteilungstransformatoren im Bereich des Mittelspannungsnetzes in der Öl- und Gasindustrie, in Gießereien, bei der Aluminiumherstellung, in Stahlwerken, aber auch in öffentlichen und gewerblichen Gebäuden wie Flughäfen, Krankenhäusern usw.

Abb. 4: Beispiel eines 40 MVA-Transformators

Abb. 5: Beispiel Niederspanungsschaltanlage

NIEDERSPANNUNGSSCHALTANLAGEN

Zur Versorgung von Niederspannungsanlagen sind weitere Schaltanlagen erforderlich. Niederspannungsschaltanlagen und -verteiler stellen somit die Bindeglieder zwischen den Einrichtungen zur Erzeugung (Generatoren), zum Transport (Kabel, Freileitungen) und zur Umformung (Transformatoren) elektrischer Energie auf der einen Seite und den Verbrauchern wie z. B. Heizung, Beleuchtung, Klimatisierung und Informationstechnik auf der anderen Seite dar.

Wie Mittelspannungsschaltanlagen werden auch Niederspannungsschaltanlagen selten vor Ort individuell gebaut, sondern als fabrikfertige Schaltanlage ausgeliefert. > Abb. 5

Die meist modularisierten Schrankgrößen werden in eigenen Schalträumen untergebracht. Sinnvoll ist die Einplanung von Schaltwartenböden als erhöhtes Bodensystem, auf dem die Schaltschränke montiert werden können und von unten die Leitungszufuhr erfolgen kann. > Abb. 6

Blindstromkompensation

Innerhalb der Schaltanlagen sind die Blindstromkompensationsanlagen von besonderer Bedeutung. Blindstrom ist ein Nebenprodukt der Energielieferung. Es ist der Strom, der bei induktiven Verbrauchern (z. B. Motoren, Transformatoren, Vorschaltgeräten, d. h. Spulen jeder Ausführung) zur Erzeugung eines Magnetfeldes benötigt wird. Durch Blindstrom werden zusätzliche Verluste in Kabeln und Transformatoren erzeugt. Der Blindstrom erfordert somit größere Leitungsquerschnitte und ergibt höhere Energieverluste bei der Übertragung. In den meisten Industrie-,

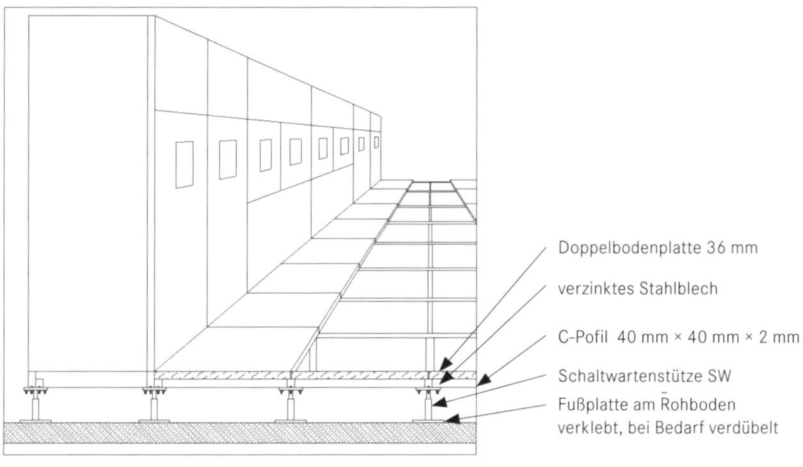

Abb. 6: Schaltwartenboden

Gewerbe- und Dienstleistungsbetrieben wird deshalb zusätzlich zur bezogenen Wirkenergie auch die Blindenergie gemessen. Blindstromkompensationsanlagen können den verursachten Blindstrom kompensieren, indem sie die notwendige Kondensatorkapazität automatisch dem aktuellen Bedarf anpassen.

BEDINGUNGEN DER ERDUNG

Zentrale Starkstrom- und Niederspannungsanlagen benötigen eine Erdung zum Ableiten von Stromströmen ins Erdreich. Man unterscheidet in Abhängigkeit von Erdungsverhältnissen der Stromquelle, der Körper in der Verbraucheranlage sowie der Ausführung des Neutralleiters und des Schutzleiters die Form des Stromnetzes in TN-, TT- und IT-Systeme. > Tab. 2

In dieser international harmonisierten Bezeichnung kennzeichnet der erste Buchstabe die Erdungsverhältnisse der Stromquelle (T: direkte Erdung der Stromquelle [Betriebserder], I: Isolierung aller aktiven Teile gegenüber Erde).

Der zweite Buchstabe kennzeichnet die Erdungsverhältnisse der Körper der Betriebs- und Verbrauchsmittel in der Verbraucheranlage (T: direkt geerdeter Körper, unabhängig von einer gegebenenfalls bestehenden Erdung, N: direkt mit dem Erder der Stromquelle [Betriebserder des Netzes] verbundene Körper).

Daraus leiten sich die grundsätzlichen Netzformen ab, die in Tab. 2 zusammenfassend dargestellt sind.

Tab. 2: Netzformen

Netzform	Stromquelle	Körper
TN-System TN-S TN-C TN-C-S	Direkt geerdet	Mit Erdung der Stromquelle geerdet N und PE getrennt geführt N und PE in einem Leiter N und PE teilweise kombiniert, teilweise getrennt geführt Neutralleiter (N) / Schutzleiter (PE)
TT-System	Direkt geerdet	Direkt geerdet
IT-System	Gegen Erde isoliert	Direkt geerdet

Bis ins 20. Jahrhundert hinein wurde in Haushalten häufig ein TN-C-System installiert, welches jedoch in ungünstigen Fällen eine erhebliche Gefahrenquelle darstellt. Daher wird es heutzutage nicht mehr oder nur eingeschränkt eingesetzt. Sicherer als das TN-C-System ist das TN-S-System, das vorwiegend in größeren gewerblichen Anlagen eingesetzt wird. Beim TN-C-S-System handelt es sich meist um die Kombination eines TN-C-Systems beispielsweise für das Verteilungsnetz des Energieversorgers mit einem TN-S-System in der Kundenanlage.

Das TT-System wird in zahlreichen Ländern Europas als Standard verwendet. Das IT-System hingegen findet man vor allem in Operationssälen von Krankenhäusern, in der chemischen Industrie oder bei der Stromversorgung von Pumpen der Grundwasserhaltung.

Die Art der Erdverbindung des Mittel- bzw. Niederspannungsnetzes ist mit Bedacht zu wählen, da sie maßgeblich den Aufwand für die Schutzmaßnahmen bestimmt. Des Weiteren beeinflusst sie niederspannungsseitig die elektromagnetische Verträglichkeit (EMV). Erfahrungsgemäß hat das TN-S-System das beste Aufwand-Nutzen-Verhältnis für elektrische Netze in der Niederspannung. > Kap. Elemente der Niederspannungsanlagen in Gebäuden, Erdungsanlagen

Arten der Stromversorgung

Grundsätzlich lässt sich die Stromversorgung in vier Bereiche unterteilen. Für die Stromversorgung von Gebäuden sind die beiden erstgenannten zuständig:

- Öffentliche Stromversorgung: Hauptanteil der Elektrizitätsversorgung
- Private Stromerzeuger: zahlenmäßig stärkste Gruppe, aber geringster Anteil an der Gesamtstromerzeugung
- Eigene Kraftwerke der Industrie
- Eigenanlagen z. B. der Deutschen Bahn

Für die Planung von Gebäuden sind gegebenenfalls privatwirtschaftliche Stromerzeuger relevant. Im Folgenden werden typische Möglichkeiten beschrieben.

STROMERZEUGUNG MIT EIGENANLAGEN

Privatwirtschaftlich wird aus Windkraftanlagen, Photovoltaik-Anlagen, Kleinst-Wasserkraftwerken, KWK-Anlagen (Kraft-Wärme-Kopplung) und anderen Kleinkraftwerken Strom in das öffentliche Netz eingespeist. Diese zahlenmäßig stärkste Gruppe hat derzeit noch den geringsten Anteil an der Gesamtstromerzeugung. Für die direkte Stromerzeugung am und im Gebäude haben sich derzeit hauptsächlich die Photovoltaik (PV) und die Kraft-Wärme-Kopplung (KWK) durchgesetzt.

Kopplung mit dem öffentlichen Netz

In der Regel werden Eigenanlagen an das öffentliche Netz angeschlossen, um überschüssige Energie einspeisen zu können. Der mit Eigenanlagen erzeugte Strom kann aber auch ohne Kopplung mit dem öffentlichen Netz direkt im Haus verbraucht werden. Solche autarken, netzunabhängigen Systeme (Inselsysteme) sind üblich bei entfernt gelegenen Gebäuden wie z. B. Berghütten, wo sich der Aufwand bzw. die Kosten für eine Netzkopplung nicht lohnen. Das Erzeugen von Eigenstrom zum direkten Verbrauch im Gebäude stößt bei regenerativen Quellen (Sonne und Wind) rasch an Grenzen, weil diese - verursacht z. B. durch Windstille oder Bewölkung - nicht kontinuierlich in der jeweils benötigten Menge verfügbar sind.

Speicherung von regenerativem Strom

Der Bedarf an elektrischer Energie ist zumeist zu solchen Zeiten am größten, in denen die Ausbeute gerade bei sonnenbasierter Stromerzeugung am geringsten ist. Das gilt z. B. für künstliches Licht, wenn natürliches Licht nicht ausreicht. Deshalb muss die gewonnene Energie zunächst gespeichert werden.

Die dezentrale Speicherung regenerativ erzeugter Energie stellt zurzeit noch eine besondere technische Herausforderung dar. Batterieanlagen sind meist platz-, kosten- und wartungsintensiv bei kurzen Speicher- und Entladezeiten. Daher dienen typischerweise nicht Batterien, sondern das öffentliche Stromnetz als Speichermedium. Das bedeutet, dass der Strom über einen Einspeisezähler vom netzgeführten Wechselrichter ins Netz eingespeist wird. Man spricht hier von netzgekoppelten Systemen.

Einspeisevergütung

Die eingespeiste Energie wird vergütet. Die Höhe der Vergütung ist gesetzlich festgelegt und wird oftmals gefördert. Wie alle anderen Stromverbraucher bezieht der Hausbesitzer den benötigten Strom aus dem Netz über einen Bezugszähler. Die verbrauchte Menge kann mit dem eingespeisten Strom verrechnet werden. Der Betreiber einer Eigenanlage nutzt somit in der Regel nicht die selbst erzeugte Energie.

Für jeden Einzelfall ist zu prüfen, ob bzw. unter welchen Bedingungen der Einsatz von Eigenanlagen wirtschaftlich vertretbar und ökologisch sinnvoll ist. Die am meisten verbreiteten Anlagen sind Photovoltaik-Anlagen und Blockheizkraftwerke, welche im Folgenden erläutert werden.

PHOTOVOLTAIK-ANLAGEN

Unter Photovoltaik (PV) versteht man die direkte Umwandlung von Sonnenlicht in elektrischen Strom mit Hilfe von Solarzellen. Physikalische Grundlage ist der sogenannte photoelektrische Effekt. Durch Lichteinstrahlung in einem Halbleitermaterial (Solarzelle) werden positive und negative Ladungsträger freigesetzt, sodass in einem geschlossenen Stromkreis ein Stromfluss generiert wird.

Da der entstehende Gleichstrom im Haushalt nicht unmittelbar verwendet werden kann, muss er mit Hilfe eines Wechselrichters zuerst in Wechselstrom umgewandelt werden. Der erzeugte Wechselstrom kann dann direkt im Haus verbraucht oder ins öffentliche Netz eingespeist werden. Ergänzt werden PV-Anlagen durch Abschalt- und Schutzvorrichtungen z. B. gegen Blitzschlag.

Die Solarzellen werden zu Solarmodulen oder Solarpanelen zusammengeschaltet, die meist auf nach Süden ausgerichteten Dächern montiert, in die Fassade von Gebäuden integriert oder auf einem Freigelände errichtet werden. Alle Solarmodule werden wiederum miteinander verbunden und bilden den Solargenerator.

Solarmodule bzw. -panele werden in verschiedensten Formen angeboten. Neben der klassischen Dachmontage > Abb. 7 werden Solarzellen auch in Fassadenmaterialien, Dachziegel und -bahnen, Oberlichter, Glasscheiben usw. eingearbeitet, sodass hieraus architektonische Gestaltungsspielräume entstehen. Bei der Planung ist jedoch zu berücksichtigen, dass diese möglichst optimal orientiert werden sollten, um einen hohen Wirkungsgrad zu entfalten. Zudem müssen Oberflächen regelmäßig gereinigt werden, um durch die Verschmutzung keine Wirkungsgradverluste hinnehmen zu müssen. Bei Betrachtung des Lebenszyklus eines Gebäudes sollte zudem beachtet werden, dass Solarzellen im Laufe der Zeit deutlich an Effizienz einbüßen, sodass eine Austauschbarkeit gegeben sein sollte.

Abb. 7: Installation von Photovoltaikanlagen als aufdach- (links) oder gebäudeintegrierte Anlage (rechts)

BLOCKHEIZKRAFTWERKE

Als Blockheizkraftwerk (BHKW) oder auch als Kraft-Wärme-Kopplung (KWK) wird die gleichzeitige Produktion von Strom und Wärme in einem Gerät bezeichnet, das meist mit Gas betrieben wird. In der Anlage treibt ein Gas-Verbrennungsmotor einen Generator an, der elektrischen Strom liefert. Die bei diesem Prozess entstehende Wärme wird zudem für Heizung und Warmwasseraufbereitung verwendet. BHKW erreichen durch die doppelte Nutzung von Energie einen sehr hohen Wirkungsgrad.

In Abhängigkeit vom Anwendungsbereich können BHKW in verschiedene Leistungsgruppen unterteilt werden. So werden Maxi-BHKW beispielsweise für Schulen oder Verwaltungsgebäude, Midi-BHKW für kleine Unternehmen, Mikro-BHKW für Doppel-/Mehrfamilienhäuser und Pico-BHKW für Einfamilienhäuser eingesetzt. > Abb. 8

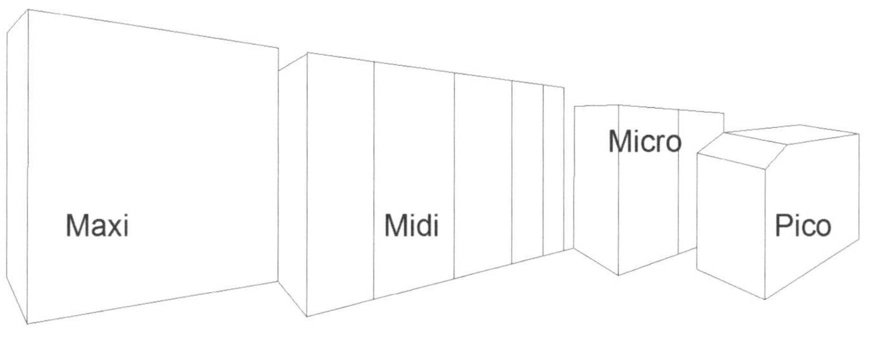

Abb. 8: Beispiele von Blockheizkraftwerken

Diese Technologie wird zumeist dezentral in ländlichen Regionen eingesetzt, findet jedoch auch in urbanen Wohnsiedlungen Verwendung. Die bei der Stromerzeugung entstehende Prozesswärme wird in räumlicher Nähe unmittelbar für die Wärmeversorgung verwendet. Übertragungsverluste entfallen daher weitestgehend, sodass KWK-Anlagen unübertroffen hohe Wirkungsgrade von bis zu 92 % erreichen – ganz wesentlich höher als in den modernsten Großkraftwerken, die einen Wirkungsgrad von kaum mehr als 60 % aufweisen können. Allerdings entstehen bei Blockheizkraftwerken teils hohe Wartungs- und Instandhaltungskosten.

Umweltschonende Blockheizkraftwerke haben sich in den vergangenen Jahren etabliert, allerdings aufgrund der Größe bisher hauptsächlich für Mehrfamilienhäuser und Gewerbebetriebe. Die für einen wirtschaftlichen Betrieb in Ein- und Zweifamilienhäusern erforderlichen Anlagen sind als sogenannte Micro-BHKW überhaupt erst seit wenigen Jahren auf dem Markt. Ähnlich wie Photovoltaikanlagen werden auch KWK-Anlagen gefördert. ■

■ **Tipp:** Ist ohnehin eine Ersatzstromversorgungsanlage geplant, ist immer zu prüfen, ob im Hinblick auf ein Gesamtenergiekonzept ein Blockheizkraftwerk wirtschaftlich betrieben werden kann. Eine Investition lohnt sich in der Regel dann, wenn die Amortisationszeit sieben Jahre, im begründeten Einzelfall zehn Jahre, nicht überschreitet.

ABSICHERUNG DER STROMVERSORGUNG

Die Versorgung mit elektrischem Strom kann in Gebäuden auf unterschiedliche Art und Weise erfolgen. Typischerweise unterscheidet man drei mögliche Netzstrukturen:

1. Die Allgemeine Stromversorgung (AV) stellt eine Grundversorgung aller regelmäßig vorkommenden Verbraucher dar.
2. Die Sicherheitsstromversorgung (SV) versorgt parallel zur AV Anlagen, die bei Stromausfall bzw. im Gefahrenfall für den Schutz von Personen sorgen sollen, wie etwa Brandmelder oder Fluchtwegleuchten.
3. Die Unterbrechungsfreie Stromversorgung (USV) hingegen versorgt Anlagen, die auch im Falle eines Stromausfalls ununterbrochen betrieben werden müssen. Dazu zählen z. B. elektrische Geräte in Operationssälen, Produktionsmaschinen in der Industrie oder Flugfeld- und Tunnelbeleuchtungen. Die Versorgung erfolgt dann über Batterieanlagen oder Notstrom-Dieselaggregate.

Wohngebäude weisen meist nur eine AV auf. Eine SV ist vor allem bei größeren oder öffentlich zugänglichen Gebäuden vorzusehen.

Eine USV-Anlage ist erforderlich, wenn die Stromversorgung maximal 30 Minuten unterbrechungsfrei erhalten bleiben muss, auch wenn z. B. die öffentliche Stromversorgung ausfällt. Man unterscheidet hierbei zwischen einer dynamischen und statischen USV. Als Grundlage für die Planung einer USV ist eine Risikoanalyse zu erstellen.

Dynamische USV

Die beiden wesentlichen Bestandteile einer dynamischen USV sind der Elektromotor und der Generator, aufeinander abgestimmt als Maschinensatz. Die kritischen Verbraucher werden dabei über den Generator versorgt.

Durch den Einsatz von Schwungmassenspeichern und/oder Batteriesystemen kann eine Überbrückung von Spannungsausfällen auf eine begrenzte Zeit, meist im Sekunden- oder Minutenbereich, erreicht werden. Die Überbrückungszeit kann zudem durch Ankopplung eines Dieselmotors verlängert werden. Allerdings müssen die Zwischenspeicher den Generator so lange mit Energie versorgen, bis der Dieselmotor hochgelaufen ist.

Statische USV

Bei der statischen USV werden zur Beeinflussung der Versorgungsspannung Bauteile der Leistungselektronik wie Dioden und Transistoren verwendet. Abhängig von der Einflussnahme, der Qualität der USV-Ausgangsspannung und dem Verhalten bei Netzstörungen werden die statischen USV-Anlagen entsprechend klassifiziert:

- Klassifizierung 3: Passiver Standby-Betrieb (Off-line) als Kompensation bei kurzen Netzausfällen, Spannungsschwankungen und Spannungsspitzen
- Klassifizierung 2: Line-Interactive-Betrieb als Kompensation kontinuierlicher Unter- und Überspannungen
- Klassifizierung 1: Double-Conversion-Betrieb (On-line) unter anderem als Kompensation bei kurzen Spannungsstößen, sporadischen Blitzeinwirkungen und periodischen Spannungsverzerrungen

Wenn eine räumliche Trennung der elektrischen Verbraucher von den Komponenten der elektrischen Energieversorgung gewünscht ist, werden in der Regel größere USV-Leistungseinheiten eingesetzt.

Die Systeme aus USV und Batterie sollten aus Gründen der Belüftung, der elektromagnetischen Verträglichkeit (EMV), der Geräusche, der Wartung, des Brandschutzes usw. in eigenen Betriebsräumen untergebracht sein.

Notstromversorgungsanlage (NSV)

Muss die Stromversorgung mehr als 30 Minuten unterbrechungsfrei erhalten bleiben, ist eine Notstromversorgungsanlage (NSV) vorzusehen, welche über einen längeren Zeitraum Strom erzeugen kann. Eine NSV ist unter Berücksichtigung des Gleichzeitigkeitsfaktors nur für die unbedingt erforderlichen Stromverbraucher zu erstellen. Redundante Anlagen sind nur dort zu planen, wo äußerst wichtige Anlagen versorgt werden müssen.

Zur Leistungserhöhung und zur Verbesserung der Verfügbarkeit können parallel geschaltete USV-Systeme genutzt werden. Zu beachten ist, dass sich mit zunehmender Anzahl von Bauteilen der Serviceaufwand erhöht und die gestiegene Systemkomplexität zu neuen Fehlerursachen führen kann.

Tab. 3: Energiequellen im Vergleich

Energiequellen	Transformator	Generator	USV
Auswahl	Anzahl und Leistung entsprechend der benötigten Leistung für die normale Stromversorgung	Anzahl und Leistung entsprechend der Gesamtleistung der Verbraucher, welche versorgt werden, falls die Transformatoren keine Energie liefern können	Anzahl, Leistung und Energie abhängig von der Zeitdauer für die Bereitstellung der unabhängigen Stromversorgung und der Gesamtleistung der Verbraucher, die von der USV versorgt werden
Anforderung	– hohe Versorgungssicherheit – Überlastfähigkeit – geringe Verlustleistung – geringe Geräuschpegel – keine Einschränkungen für Aufstellung – Einhaltung der Umwelt-, Klima- und Brandschutzklassen	– Deckung der Energie für die Ersatzstromversorgung – bei Turbolader-Motoren Übernahme der Last in Stufen – Verfügbarkeit von ausreichender Dauerkurzschlussleistung zur Gewährleistung der Abschaltbedingungen	– stabile Ausgangsspannung – Verfügbarkeit von ausreichender Dauerkurzschlussleistung zur Gewährleistung der Abschaltbedingungen – wartungsarme Pufferbatterien zur Energieversorgung – Einhaltung von Geräuschpegelgrenzwerten – geringe Oberwellenbelastung für das vorgeordnete Netz
Vorteile	– hohe Übertragungsleistungen möglich – stabile Kurzschlussströme – galvanische Trennung	– dezentrale Verfügbarkeit – autarke Energieerzeugung	– geringe Verluste – Spannungsstabilität – galvanische Trennung
Nachteile	– hohe Einschaltströme – Abhängigkeit vom öffentlichen Netz	– Netzinstabilität bei Netzschwankungen – kleine Kurzschlussströme	– sehr geringe Kurzschlussströme

Elemente der Niederspannungsinstallation in Gebäuden

Zur Nutzung und Verteilung von Strom in Gebäuden sind viele Komponenten notwendig, um eine vollständige Elektroinstallation eines Gebäudes zu erreichen. Neben den in diesem Kapitel vorgestellten Elementen von Niederspannungsinstallationen werden Schwachstromanlagen (z. B. für Telefon und Datentechnik) und zunehmend auch im Wohnungsbau Installationen zur Gebäudeautomation benötigt, welche in den folgenden Kapiteln erläutert werden.

HAUSANSCHLUSS

Der Hausanschluss verbindet das öffentliche Netz mit dem eigenen Gebäude. Hierzu wird im öffentlichen Raum ein Netzanschluss hergestellt, welcher mit einer Hausanschlussleitung über die Hauseinführung bis zum Hausanschlusskasten geführt wird. Für die Hauseinführung werden in der Regel genormte Bauteile verwendet, welche die Kabel wasserdicht in Kelleraußenwände bzw. Bodenplatten durchleiten und gegebenenfalls mit weiteren Anschlussleitungen kombiniert werden. > Abb. 9

Hausanschlusskasten und Verteilung

Die Hausanschlussleitung endet im Hausanschlusskasten, der Schnittstelle zwischen Stromversorger und privater Stromverteilung im Haus. Im Weiteren wird im Hauptverteiler ein zentraler Stromzähler bzw. ein Stromzähler je Nutzungseinheit montiert, welche zur Abrechnung der Verbräuche dienen. Der Hauptverteiler umfasst zudem die Sicherungen und Schalter für die weiteren Nutzungseinheiten bzw. Stromkreisverteiler. > Abb. 10 und Kap. Stromkreise

Hausanschlussraum

Je nach Projektgröße und -art werden nach den vor Ort geltenden Vorschriften verschiedene Räume für die haustechnischen Anschlüsse und Installationen vorgesehen. In kleineren Wohngebäuden ist in der Regel ein kombinierter Raum für alle Installationen möglich. > Abb. 11 Grundsätzlich sollte die Aufteilung der jeweiligen Wandflächen geplant werden, sodass alle Installationen entsprechend Montageflächen zur Verfügung haben.

Die Abmessungen der Grundflächen in Technikräumen ergeben sich aus den Abmessungen der benötigten Komponenten und den entsprechenden Sicherheitsvorschriften. > Abb. 12 Auch Randbedingungen wie z. B. Raumbelüftung, Deckenbelastung und Transportwege sind bei der Raum- und Gebäudeplanung zu beachten. Zu groß dimensionierte Räume mindern die Wirtschaftlichkeit eines Gebäudes (Raumnutzung). Zu klein dimensionierte Räume können dazu führen, dass eine Anlage nicht genehmigungsfähig ausgeführt werden kann, oder sie erzwingen zumindest teure Sonderlösungen bei der eingesetzten Technik.

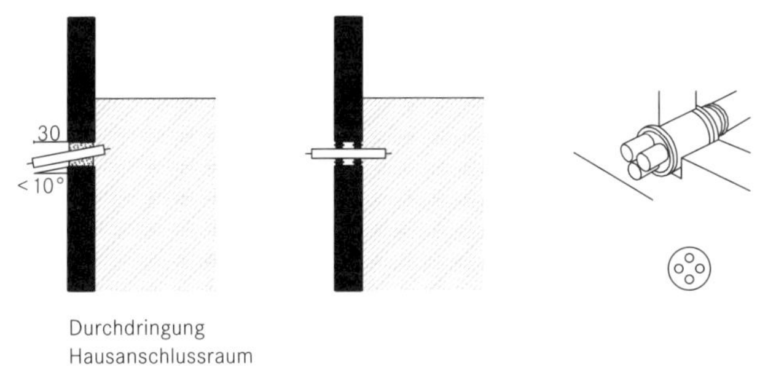

Abb. 9: System der Hauseinführung und des Hausanschlusses

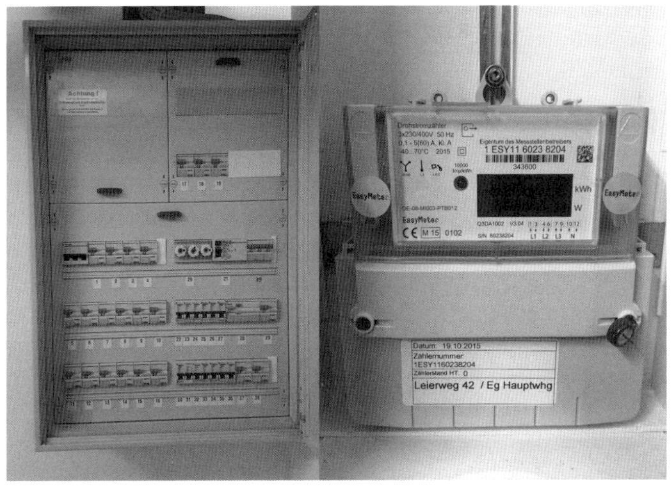

Abb. 10: Verteilerkasten und Stromzähler

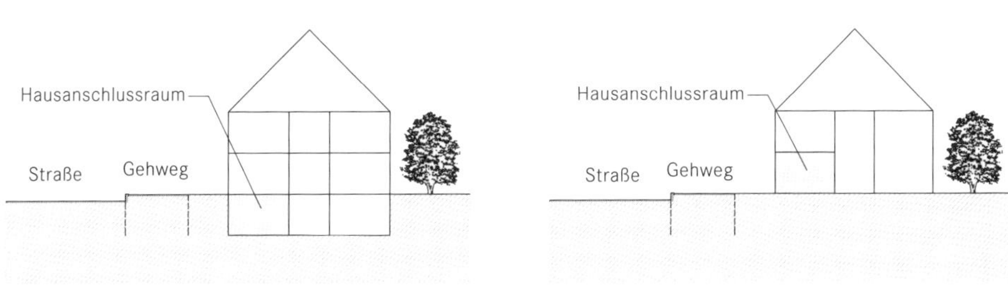

Abb. 11: Positionierung des Hausanschlussraums im Gebäude

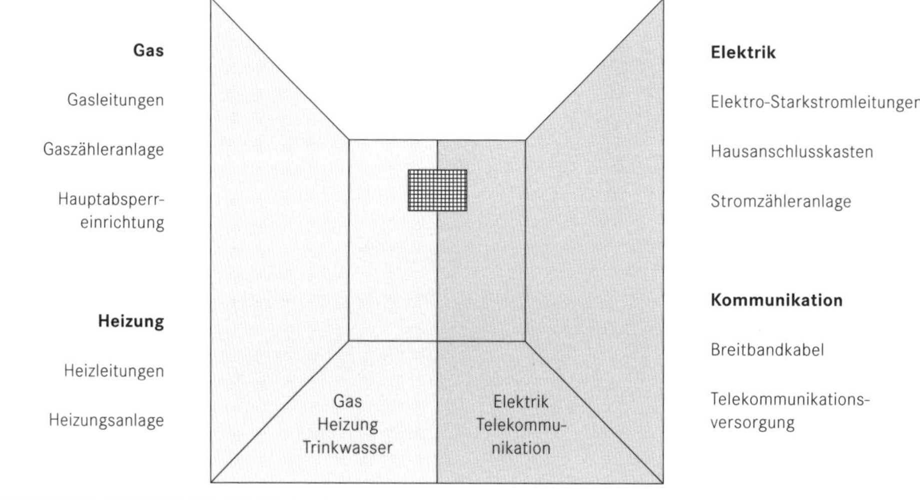

Abb. 12: Installationsprinzip des Hausanschlussraums

ERDUNGSANLAGEN

Zur wirksamen Gestaltung von Schutzmaßnahmen gegen elektrischen Schlag ist die sogenannte Schutzerdung (engl. protective earthing, PE) als Teil der Stromversorgung des Gebäudes und des Blitzschutzes unentbehrlich. Die Erdung sorgt für ein Ableiten elektrischer Spannungen oder unterschiedlicher Potenziale (z. B. beim Blitzeinschlag). Erdungsanlagen müssen mit dem Potenzialausgleich verbunden werden.

Für die Erdung können Tiefen-, Ring- und Fundamenterder verwendet werden.

Tiefenerder

Ein Tiefenerder ist ein Erder, der im Allgemeinen senkrecht und tief in den Boden eingebracht wird. Der Tiefenerder ist die einfachste Lösung zum Nachrüsten einer Erdungs- oder Blitzschutzanlage. Als Einzelerder wird eine Tiefe von 9 m empfohlen. Kommen mehrere Tiefenerder zur Anwendung, können die erforderlichen Erderlängen in mehrere parallel geschaltete Längen aufgeteilt werden. Alle Tiefenerder müssen mit einem Ringerder verbunden werden.

Ringerder

Ein Ringerder ist ein Oberflächenerder, der im Abstand von 1 m in einer Tiefe von 0,5 m rund um das Außenfundament eines Bauwerks verlegt wird. Um seine Wirkung entfalten zu können, muss der Ringerder mit mindestens 80 % seiner Gesamtlänge Kontakt zur Erde haben.

Je nach Bodenbeschaffenheit unterliegen jedoch alle diese Erder einer mehr oder weniger starken Korrosion. Auch Beschädigungen durch Erdarbeiten sind nicht auszuschließen.

Um diese Nachteile zu vermeiden, ist für Neubauten ein Fundamenterder vorzusehen. Der Fundamenterder wird in das Gebäudefundament eingelegt und verbessert die Wirksamkeit aller Maßnahmen zum Schutz gegen elektrischen Schlag. Der Hauptpotenzialausgleich wird so wesentlich wirksamer.

Fundamenterder

Der Fundamenterder ist schon bei der Ausschreibung der Rohbauarbeiten zu berücksichtigen. Die Ausführung übernimmt im Allgemeinen der Fundamenthersteller in Zusammenarbeit mit der zuständigen Elektrofachkraft. Da der Fundamenterder Bestandteil der elektrischen Anlage des Gebäudes ist, sollte die Abnahme - noch vor Einbringen des Betons - durch verantwortliche Fachkräfte beider Gewerke erfolgen.

Ein Fundamenterder besteht aus nicht isolierten Leitern, meist aus Band- oder Rundstahl, der in die Fundamente der Außenwände oder in die Bodenplatte des Gebäudes eingebettet wird. Über den verhältnismäßig gut leitenden Beton steht er großflächig mit der Erde in Verbindung.

Der Fundamenterder ist als geschlossener Ringerder auszuführen. Über eine auffällig gekennzeichnete, korrosionsgeschützte Anschlussfahne (feuerverzinkter Stahl mit Kunststoffmantel oder Edelstahl) von mindestens 1,50 m Länge ist er mit der Hauptpotenzialausgleichsschiene - meist im Hausanschlussraum - zu verbinden. Für den Blitzschutz sind weitere Anschlussfahnen vorzusehen.

Der verzinkte oder unverzinkte Stahl muss allseitig von mindestens 5 cm Beton umgeben sein. Damit wird eine hohe Korrosionsbeständigkeit erreicht, die praktisch der Lebensdauer des Gebäudes entspricht. Rundstahl sollte mindestens 10 mm Durchmesser haben. Bandstahl (mindestens 30 mm × 3,5 mm bzw. 25 mm × 4 mm) ist hochkant zu verlegen.

Bei großen Gebäuden wird empfohlen, die umspannte Grundfläche durch leitende Querverbindungen in Maschenweiten von etwa 20 m × 20 m aufzuteilen. Bei Reihenhäusern sollte unter jedem Haus entsprechend der Grundstücksgröße ein kleiner geschlossener Ring gebildet werden.

Bei einer „weißen Betonwanne" (wasserundurchlässiger Beton), einer „schwarzen Wanne" (mit Bitumen abgedichtet) oder einer Wanne mit Perimeterdämmung (Wärmedämmung) wird zur zuverlässigen Verbindung mit der Erde ein Ringerder gefordert, der außerhalb des Fundamentes angeordnet ist. Zu beachten ist, dass der Ringerder aus Edelstahl gefertigt sein sollte, da er nicht von Beton umschlossen und somit nicht vor Korrosion geschützt ist.

Potenzialausgleich

Voraussetzung für einen wirksamen Überspannungsschutz ist ein Potenzialausgleich. > Abb. 13 Der Potenzialausgleich ist die elektrisch leitende Verbindung, die Körper (Gehäuse) elektrischer Betriebsmittel und fremde leitfähige Teile auf gleiches oder annähernd gleiches Potenzial bringt.

Abb. 13: Potenzialausgleichsschiene unter Einbindung der Anschlussfahne (rechts)

Der Potenzialausgleich wird in der Regel im Kellergeschoss, meist im Hausanschlussraum, installiert und verbindet

- den Schutzleiter der elektrischen Anlage,
- die Erdungsanlage,
- alle Ableitungen der Überspannungs-Schutzeinrichtungen der energie- und informationstechnischen Netze,
- die Schirme von Leitungen und Kabeln,
- die metallene Gebäudekonstruktion, Gas-, Wasser- und Heizungsanlagen und
- die äußere Blitzschutzanlage.

STROMKREISE

Als Stromkreis bezeichnet man die Gesamtheit aller elektrischen Verbraucher, die von demselben Verteiler versorgt und derselben Sicherung geschützt wird. In Wohngebäuden erhält meist jeder Raum einen Stromkreis für Leuchten und Steckdosen. Für Haushaltsgroßgeräte wie Elektroherd, Backofen, Geschirrspülmaschine, Waschmaschine usw. ist ein eigener Stromkreis vorzusehen, auch wenn die Geräte über Steckdosen angeschlossen werden. Anschlüsse für Drehstrom erhalten ebenfalls einen eigenen Stromkreis.

Ebenso wie die Anzahl der Steckdosen und Anschlüsse muss auch die Anzahl der Stromkreise den Ausstattungswerten entsprechen. Werden über die Mindestforderung hinaus Steckdosen und Anschlüsse vorgesehen, ist auch die Anzahl der Stromkreise angemessen zu erhöhen.

Stromkreisverteiler

Stromkreisverteiler verteilen die vom Zähler bereits erfasste elektrische Energie auf die einzelnen Stromkreise. Dazu dienen Installationsverteiler. In Wohnungen werden meist Installationskleinverteiler, auch Wohnungsverteiler genannt, installiert. In Einfamilienhäusern ist es üblich, Stromkreisverteiler und Zähler in einem gemeinsamen Schrank zusammenzufassen. > Abb. 14

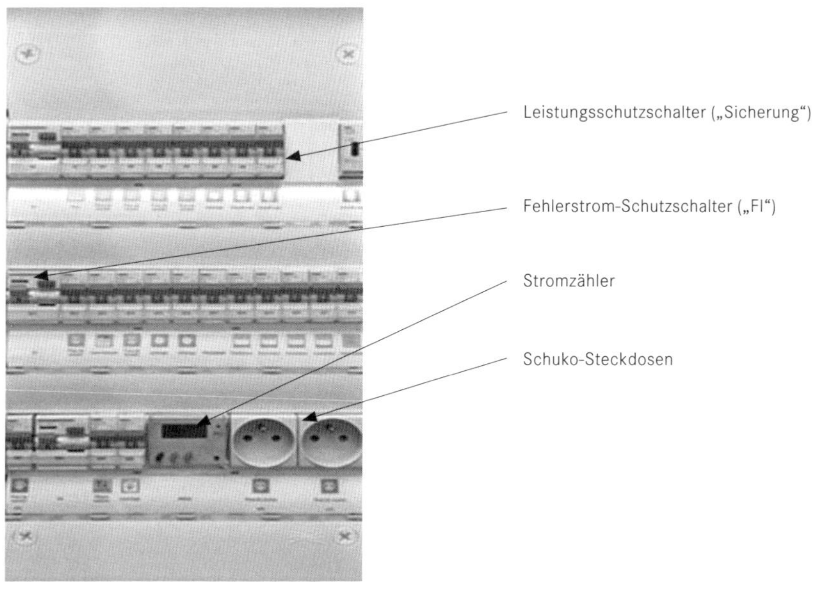

Abb. 14: Aufbau und Anordnung von Einbauten in einem Verteilerkasten

Im Stromkreisverteiler sind folgende Einrichtungen untergebracht:

- Überstromschutzeinrichtungen, also Leitungsschutzschalter oder Sicherungen mit einem maximalen Bemessungsstrom von 63 A
- Fehlerstrom-Schutzschalter (FI-Schutz)
- Anschlussklemmen
- Fernschalter
- Schaltschütze, Zeitschalter u. Ä.

Die meisten dieser Einbauten sind so gestaltet, dass sie zeitsparend auf Tragschienen, sogenannte Hutschienen, aufgeschnappt werden können.

Je nach Art der Räume, in denen die Verteiler montiert werden, sind Schutzarten von IP 30 (trockener Raum) bis IP 54 (für feuchte Räume oder im Freien) vorgesehen.

Verteiler werden für Wandeinbau, -aufbau und Hohlwandmontage (Bezeichnung: H) angeboten. Da die Abmessungen der Fabrikate unterschiedlich sind und nicht mit den am Bau üblichen Mauerwerksrastern harmonieren, sollten die Nischen üblicherweise so groß gewählt, dass auch ein verhältnismäßig großer Verteiler Platz findet. Alternativ ist eine frühzeitige Abstimmung mit dem Elektroplaner bzw. -installateur zum Produkt und dessen Größe erforderlich. Entstehende Hohlräume werden zugeputzt.

Bei der Anordnung der Verteiler ist darauf zu achten, dass diese in gut zugänglichen Räumen bzw. Bereichen platziert werden. Wegen der Schaltgeräusche von Relais und Schaltschützen sollten Verteiler nicht in Wände zu Schlafräumen oder Kinderzimmern eingebaut werden. Die Anordnung der Verteiler sollte auch mit der Lage und Größe des Hausanschlusskastens bzw. des Elektroraums abgestimmt werden, um die Leitungswege entsprechend gestalten zu können.

Alle Schaltschränke und Verteiler sollten möglichst in ihrer Größe mit einer Reserve von 20 % für zukünftige Komponenten dimensioniert werden.

LEITUNGEN UND KABEL

Die elektrische Energie wird in der Regel über Leitungen und Kabel transportiert. Sie wird vom Kraftwerk über viele Zwischenstationen bis zu den Betriebsmitteln, den elektrischen Geräten und Systemen, im Gebäude befördert.

Adern

Als Leitung bezeichnet man ein Bündel mehrerer Adern in einer Umhüllung. Eine Ader ist ein Leiter mit (Kunststoff-)Isolierung. Ist eine Leitung mit einem zusätzlichen festen Mantel versehen, bezeichnet man sie als Kabel.

Im Wohnungsbau kommen ausschließlich Kupferleitungen zum Einsatz. Wechselstromverbraucher werden mit 3-adrigen, Drehstromgeräte oder spezielle Schaltungen mit 5-adrigen Leitungen versorgt. Die Leitungen unterscheiden sich durch ihren Aufbau und ihre Isolierung, die meist aus Kunststoff oder Gummi besteht. Die Leitungsadern sind zur leichteren Identifizierung farblich gekennzeichnet. Folgende Kombinationen sind üblich:

- 3 Adern: grün-gelb, schwarz oder braun, hellblau
- 5 Adern: grün-gelb, schwarz, hellblau, braun, schwarz

Die grün-gelb gekennzeichnete Ader darf grundsätzlich nur als Schutzleiter (PE) oder für den Neutralleiter mit Schutzfunktion (PEN) verwendet werden. > Kap. Erdungsanlagen

Kabel und Leitungen werden mit Buchstaben-Kombinationen gekennzeichnet, die über Bauart und Verwendungszweck Auskunft geben. Im Wohnungsbau wird das Kunststoffkabel „NYY“ am häufigsten verwendet. > Abb. 15

Soll ein Kabel als Erdkabel verwendet werden, wird es zusätzlich noch mit einem Kunststoffmantel versehen. Ein solches Erdkabel kann dann direkt ins Erdreich verbracht werden.

Anschlüsse und Verbindungen

Anschlüsse und Verbindungen von Leitungen mit Geräten untereinander werden hauptsächlich mit Hilfe von Schraubklemmen und schraubenlosen Klemmen hergestellt. Verwendet werden auch Pressverbinder oder Steckverbinder. > Abb. 16

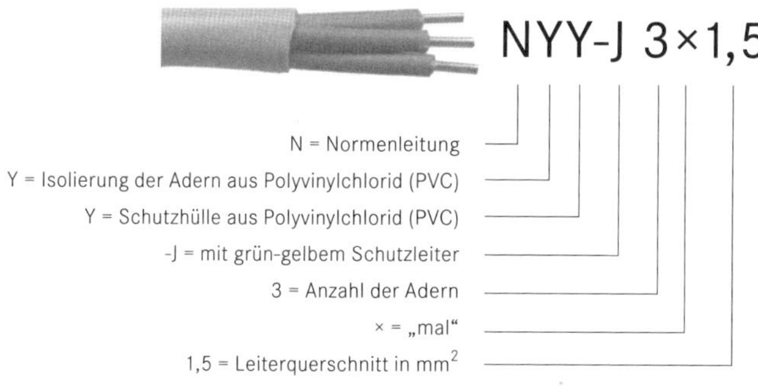

Abb. 15: Aufbau und Erläuterung NYY-j 3 × 1,5

Abb. 16: Verbindungsmöglichkeiten für elektrische Leitungen

Grundsätzlich gilt, dass Leiterverbindungen oder -abzweigungen nur auf isolierender Unterlage bzw. mit isolierender Umhüllung vorgenommen werden dürfen. Die Verbindungsstellen müssen zugänglich bleiben. Dafür sind geeignete Anschlussräume, d. h. Verbindungsdosen oder -kästen, erforderlich. Je nach Art der verwendeten Dosen ergeben sich dabei unterschiedliche Leitungsführungen.

Leitungen werden in speziellen Abzweig- oder Geräte-Verbindungsdosen verbunden.

LEITUNGSFÜHRUNG

Die Installation von elektrischen Leitungen kann entweder

Aufputz-/ Unterputzinstallation

- sichtbar als Aufputzinstallation,
- sichtbar auf Installationskanalsystemen oder
- unsichtbar als Unterputzinstallation direkt im Mauerwerk oder in den Beton,
- in baulichen Hohlräumen oder
- in Installationsdoppelböden, Unterflurkanälen oder Hohlraumböden

vorgenommen werden. Nicht gestattet ist die Verlegung in Lüftungskanälen und in Schornsteinzügen und -wangen.

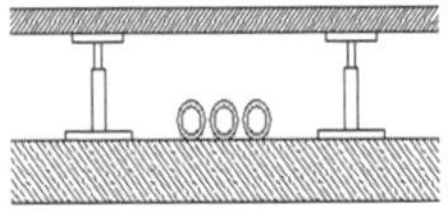

Doppelboden

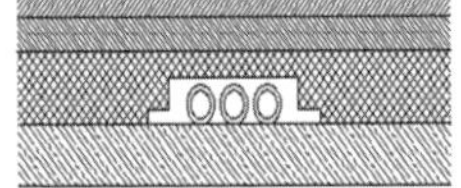

Unterflurkanal

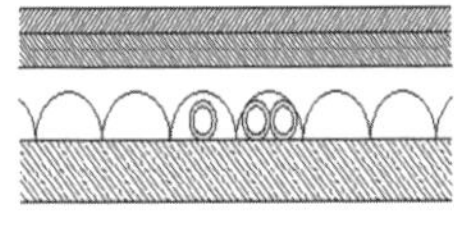

Hohlraumboden

Abb. 17: Unsichtbare Leitungsführung in Böden

In Wohngebäuden erfolgt die Leitungsführung überwiegend unterputz. Dabei empfiehlt sich die Leitungsführung in Leerrohren, da auf diese Weise nachträgliche Installationen oder Erweiterungen zerstörungsfrei vorgenommen werden können.

Bei Nichtwohngebäuden erfolgt die Leitungsführung überwiegend in abgehängten Decken, aufgeständerten Fußböden oder Brüstungskanälen. > Abb. 17 Dies erleichtert die Revisionierbarkeit und ermöglicht bspw. bei Nutzungsänderung eine variable Anordnung von Schaltern, Steckdosen und Lampen.

Installationszonen

Um Kollisionen mit anderen Leitungen wie z. B. Gas-, Wasser- oder Heizungsleitungen zu minimieren und Beschädigungen von Leitungen z. B. durch das Bohren von Dübellöchern oder das Einschlagen von Nägeln zu verhindern, erfolgt die Leitungsführung unterputz in Wänden nur senkrecht oder waagerecht. Nach Möglichkeit erfolgt die Verlegung zudem in definierten Installationszonen. In Fußböden und Decken kann dagegen auf dem kürzesten Wege verlegt werden.

Eine untere waagerechte Installationszone wird dabei mit einem Achsmaß von 30 cm und einer Breite von 30 cm oberhalb des Fußbodens, eine obere waagerechte Installationszone unterhalb der Zimmerdecke angeordnet. Lichtschalter, Steckdosen und Schalter über Arbeitsflächen werden in einer mittleren waagerechten Installationszone angeordnet. In der Nähe von Türen und Fenstern und Raumecken sind senkrechte Installationszonen vorzusehen. Innerhalb dieser Zonen sind vorzugsweise mittig neben den elektrischen Leitungen auch Anschlüsse, Schalter und Steckdosen anzuordnen. > Abb. 18

Bei der Verlegung von Leitungen muss darauf geachtet werden, dass sie vor mechanischer Beschädigung (die weitere Personen- und/oder Sachschäden nach sich ziehen könnten) geschützt sind. Dies kann entweder durch ihre Lage oder eine Verkleidung erfolgen.

Steckdosen, Schalter oder Installationsdosen, die außerhalb der Installationszonen liegen, müssen mit einer senkrechten Stichleitung aus der am nächsten gelegenen horizontalen Installationszone versorgt werden.

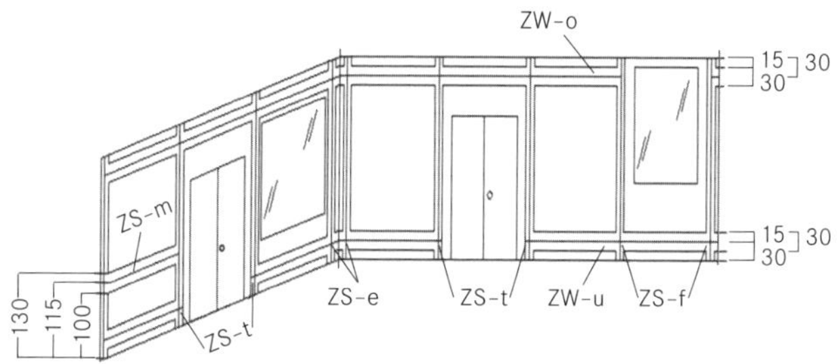

ZS-t: senkrechte Installationszonen an Türen:
10–30 cm neben den Rohbaukanten

ZS-f: senkrechte Installationszonen an Fenstern:
10–30 cm neben den Rohbaukanten

ZS-e: senkrechte Installationszonen an Wandecken:
10–30 cm neben den Rohbauecken

ZW-u: waagerechte Installationszone:
15–45 cm über dem Fußboden

ZW-o: waagerechte Installationszone:
15–45 cm über der Deckenbekleidung

ZW-m: mittlere waagerechte Installationszone:
100–130 cm über dem Fußboden

Abb. 18: Installationszonen für elektrische Leitungen, Schalter und Steckdosen

VERLEGESYSTEME

Unterputz-Verlegung

Sollen Kabel unterputz verlegt werden, so sind grundsätzlich keine umfangreichen Halte- oder Schutzeinrichtungen erforderlich – sofern die zu verlegenden Kabeltypen dafür geeignet sind. Die Kabel können dann z. B. in Wänden und Decken verzogen werden. Wände und Decken werden vor dem Verputzen entweder geschlitzt, sodass Kabel oberflächengleich verlegt werden können. Oder es werden Flachkabel verwendet, die innerhalb des Putzes verlegt werden können. > Abb. 19 Beim Schlitzen ist darauf zu achten, dass die tragkonstruktive Eigenschaft der Bauteile nicht geschwächt wird.

In Leichtbau- bzw. Gipskartonwänden erfolgt die Leitungsverlegung in der Regel im Hohlraum, sodass im Bauprozess die Wand zunächst einseitig aufgestellt und erst nach erfolgter Installation geschlossen wird.

Gibt es keine Brandschutzanforderungen an Decken, so ist es möglich, auch Leitungen (z. B. für einen Lampenauslass) durch Bohrungen im Geschoss darüber auf der Rohdecke zu verziehen. Hierbei sollten jedoch auf jeden Fall Leerrohre verwendet werden, da bei Nachinstallationen sonst der gesamte Bodenaufbau im Geschoss darüber entfernt werden muss.

Abb. 19: Verlegearten bei Wänden und Decken

Abb. 20: Beispiele Gitterrinnen (links), Kabeltrassen (rechts) Leerrohr

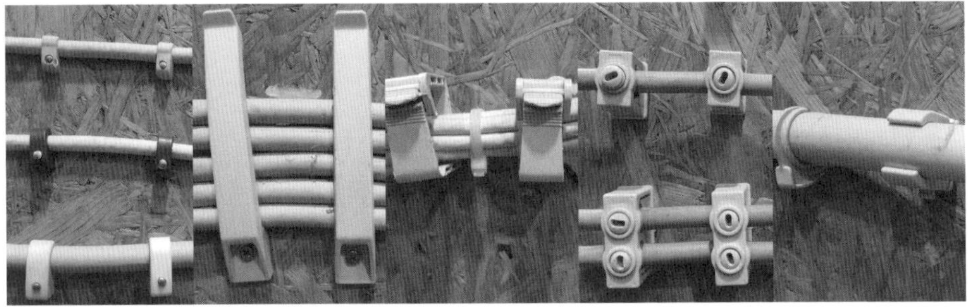

Abb. 21: Aufputz-Installation mit Express-Schelle, Kabelklemme, Kabelsammelhalterung, Greif-Iso-Schelle, Leerrohr

Folgende kabelspezifische Tragekonstruktionen und Verlegearten stehen für die Aufputz-Installation zur Verfügung: > Abb. 20 und 21 Aufputz-Verlegung

- Kabelrinnen
- Gitterrinnen
- Leitungsführungskanäle
- Kabelleiter
- Sammelhalterungen
- Kabelklammern
- Stahlpanzerrohre

Aus Kostengründen werden Kabel oft in großer Anzahl in einem Kanal geführt. > Abb. 22 Dies bietet die Möglichkeit, zentralen Zugriff bei Störungen zu erhalten und unkompliziert nachinstallieren zu können. Um die Versorgungszuverlässigkeit jedoch sicherzustellen, sollte die Anzahl der Kabel in einem Kabelkanal auf die vom Hersteller zugelassene Menge beschränkt bleiben. Vor allem redundante Systeme sollten in getrennten Kanälen geführt werden.

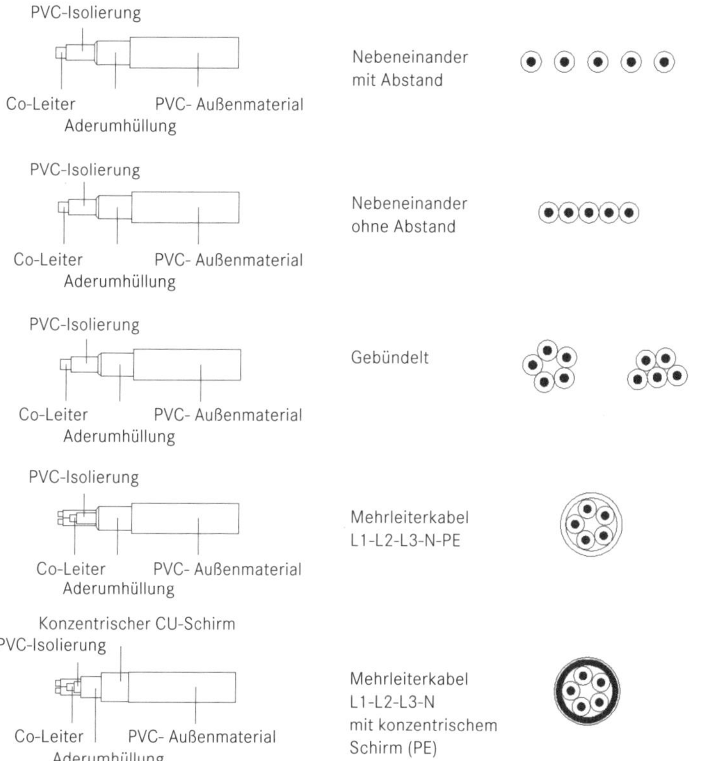

Abb. 22: Aufbau und Anordnung von Leitern in verschiedenen Kabeln

Schienenverteilersysteme

Für bestimmte Nutzungen, wie z. B. in Bürogebäuden, Gewerbekomplexen oder Einkaufszentren ist die Flexibilität im Zuschnitt der Nutzungseinheiten ein wichtiger Standortparameter. Dies macht eine höhere Flexibilität in der Energieverteilung und der Positionierung der Verbraucher erforderlich. Kabel können dies in geringem Maße leisten, wenn sie sichtbar verlegt werden. Dies führt aber zu einer optischen Beeinträchtigung und ist mit vergleichsweise großem Aufwand verbunden. Eine wirtschaftliche Alternative kann die Energieverteilung mit Schienenverteilersystemen sein.

In der nachfolgenden Tabelle sind die beiden Energieverteilungssysteme vergleichend gegenübergestellt.

Tab. 4: Zentrale Energieverteilung mit Schiene und Kabel im Vergleich

Merkmal	Schienenverteilersystem (SVS)	Kabelinstallation
Brandverhalten	Sehr geringe Brandlast	Bis 10-fach höhere Brandlast der PVC-Kabel als bei SVS
Flexibilität	Variabel einsetzbare Abgangskästen; Montagearbeiten auch unter Spannung möglich	Veränderungen und Erweiterung möglich; Montagearbeiten nur im spannungsfreien Zustand möglich
Material	Halogenfreie Schienenkästen	Standardkabel sind nicht halogen- und PVC-frei
Montageaufwand	Unkomplizierte Montage mit einfachen Hilfswerkzeugen	Aufwendige Montage mit zahlreichen Hilfswerkzeugen
Netzaufbau	Linienförmiger Aufbau mit Verbraucherabgängen über Abgangskästen	Sternförmige Versorgung der Verbraucher, dadurch Kabelhäufung am Einspeisepunkt
Platzbedarf	Kompakte Bauweise, standardisierte Winkel- und Versatzelemente	Viel Platzbedarf durch Biegeradien, Verlegeart, Häufung sowie Strombelastbarkeit
Preis	Vergleichsweise hohe Errichtungskosten	

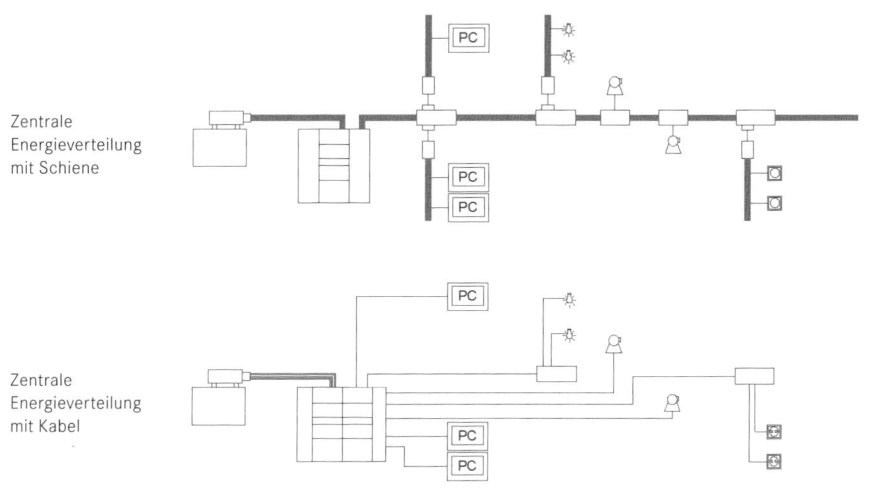

Abb. 23: Zentrale Energieverteilung mit Schiene und Kabel

INSTALLATIONSDOSEN

Installationsdosen werden nach ihrem Verwendungszweck folgendermaßen eingeteilt:

- Verbindungsdosen - auch Abzweigdosen oder Verteilerdosen genannt - dienen zur Aufnahme von Verbindungsklemmen für Leiter bis 4 mm^2 Querschnitt.
- Gerätedosen, sogenannte Schalterdosen, dienen zur Montage von Installationsgeräten (Schalter, Steckdosen, Dimmer, Aktoren usw.) in der Wand und können ohne eingebaute Geräte auch als Verbindungsdosen verwendet werden.
- Geräte-Verbindungsdosen - auch Geräte-Abzweigdosen oder Durchgangsdosen genannt - sind für Installationsgeräte und zusätzliche Verbindungsklemmen für Durchgangsverdrahtungen vorgesehen.
- Anschlussdosen dienen mit Klemmen zum Anschließen begrenzt ortsveränderlicher Geräte (z. B. Elektroherde oder Wandleuchten) an die ortsfeste Installation.

Abb. 24: Abzweigdose

Abb. 25: Geräte-Verbindungsdose

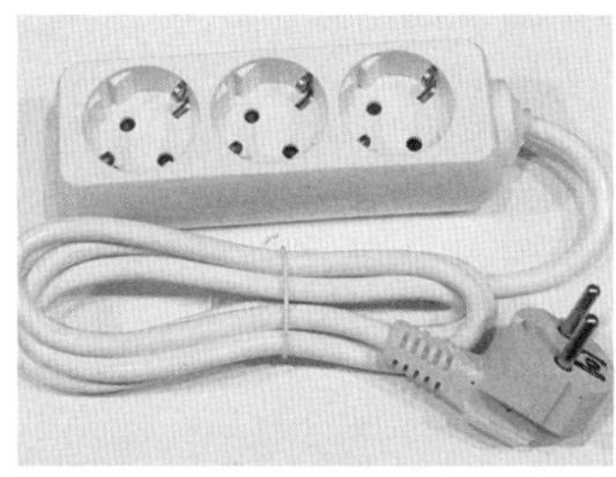

Abb. 26: Schuko-Stecker

Abzweigdosen

Diese klassische Installationsform sieht für jeden Verbindungspunkt eine eigene Abzweigdose mit 70 mm Durchmesser und einer Tiefe entsprechend den Gerätedosen vor. Dies erlaubt spätere Änderungen oder Ergänzungen der Anlage ohne großen Aufwand. Der Materialaufwand ist relativ hoch, da im Vergleich zur Verwendung von Geräte-Verbindungsdosen mehr Kabel und Abzweigdosen benötigt werden.

Geräte-Verbindungsdosen

Geräte-Verbindungsdosen verfügen über ausreichenden Raum, sodass in der für die Unterbringung von Schaltern, Steckdosen, Dimmern usw. vorhandenen Gerätedose zusätzlich eine Verzweigung von Leitungen erfolgt. Dies erlaubt eine kostengünstige Installation, da Abzweigdosen bei dieser Variante nicht mehr erforderlich sind.

Schutzkontaktsteckdosen und -stecker

Schutzkontaktsteckdosen und Schutzkontaktstecker dienen gemeinsam mit jeweils dreiadrigen Anschlussleitungen dem sicheren Verbinden nicht ortsfester elektrischer Geräte mit einem Schutzleiter. Zwei gegenüberliegende Schutzkontakte sowohl in der Steckdose als auch im Stecker sorgen für eine sichere Verbindung mit dem Schutzleiter. Sie garantieren aufgrund ihrer besonderen geometrischen Gestaltung dafür, dass beim Stecken die Schutzleiter von Stecker und Steckdose vorauseilend, d. h. zeitlich immer vor den spannungsführenden Buchsen und Steckerstiften miteinander verbunden werden. ○

○ **Hinweis:** Für den Begriff Schutzkontakt hat sich die abkürzende Bezeichnung „Schuko“ eingebürgert.

Um zu gewährleisten, dass die Schutzmaßnahmen im Gebäude wirksam werden, sollten grundsätzlich nur Schutzkontaktsteckdosen verwendet werden. Steckdoseneinsätze für Unterputzinstallationen gibt es sowohl mit Krallenbefestigung (z. B. für Mauerwerk oder Beton) als auch mit Schraubbefestigung (z. B. für Trockenbauwände). Die Befestigung muss so ausgeführt werden, dass die Steckdose beim Ziehen des Steckers nicht aus der Verankerung gerissen werden kann. Auch darf die Isolierung der Aderleitungen beim Befestigen nicht beschädigt werden.

Stecker, Steckdosen und Verlängerungsleitungen (mit Stecker und Kupplung) sind immer so anzuschließen, dass die Steckerstifte in nicht gestecktem Zustand in keinem Fall unter Spannung stehen können. Steckdosen, Schalter, Fernmeldedosen usw. werden aus funktionellen Gründen und aufgrund des einheitlichen Designs oft miteinander kombiniert. Zudem müssen sie so gestaltet werden, dass durch getrennt abnehmbare Abdeckungen der Starkstromteil gegen direktes Berühren geschützt bleibt. ■

SCHALTER

Installationsschalter

Schalter und Steckdosen gibt es in großer Vielfalt. In der Wohnungsinstallation sind sie oft die einzig sichtbaren Elemente der Elektroinstallation. Die Vielfalt betrifft demzufolge insbesondere das Design, sodass sie jedem denkbaren Stil der Wohnungseinrichtung oder der Gestaltung und Farbe der Wände angepasst werden können. ■

Schaltungen

Die im Gebäude sichtbaren, in oder auf der Wand befestigten Installationsschalter dienen in der Regel dem Schalten von Lichtstromkreisen. Handbetätigte Schalter für ortsfeste Installationen werden mit vielfältigen technischen Merkmalen angeboten. Je nach Betrachtungsweise werden nachfolgend genannte Arten unterschieden.

Nach der Funktion gibt es, entsprechend den Grundschaltungen, 1-, 2- oder 3-polige Schalter:

■ **Tipp:** Die meisten Hersteller bieten verschiedene Reihen an Installationsgeräten in jeweils einheitlicher Gestaltung, oft mit einer Vielzahl von Varianten und Kombinationen für unterschiedlichste Ausstattungsniveaus und -wünsche. Bei der Planung ist daher zu prüfen, ob alle notwendigen Funktionen von der gewünschten Schalterserie umfasst werden.

■ **Tipp:** Neben den Schutzkontaktsteckern passen auch die sogenannten Europa-Stecker in die Schutzkontaktsteckdosen. Die Europa-Stecker passen in allen europäischen Ländern in die Steckdosen.

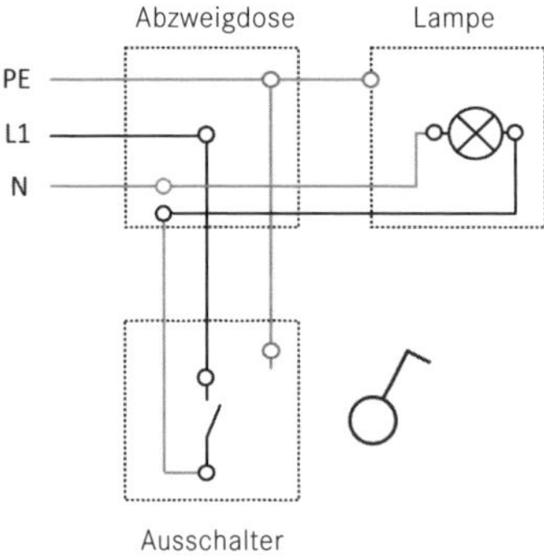

Abb. 27: Schema der Ausschaltung

- Ausschalter, mit denen von einer Schaltstelle aus geschaltet wird. Dies ist die häufigste Anwendung im Privatbereich, bei der mit einem Schalter eine Leuchte geschaltet wird. > Abb. 27
- Gruppenschalter, mit denen von einer Schaltstelle aus zwei Leuchten so geschaltet werden, dass immer nur die eine oder die andere Leuchte in Betrieb ist. Eine solche Schaltung verwendet man z. B. zum Schalten von Garagentoren oder Jalousien.
- Serienschalter, z. B. in der Ausführung mit zwei Wippen, mit denen von einer Schaltstelle aus mehrere Leuchten unabhängig voneinander geschaltet werden. Serienschalter verwendet man z. B. in Bädern, um Spiegel- und Deckenleuchte zu schalten. > Abb. 28
- Wechselschalter - auch Flur- oder Hotelschalter genannt -, schalten von zwei Schaltstellen aus. Diese Schaltung verwendet man in kleinen Fluren oder Räumen mit zwei Zugängen. > Abb. 29
- Kreuzschalter schalten von drei oder mehr Schaltstellen aus. Diese Schaltung besteht immer aus zwei Wechselschaltern und beliebig vielen Kreuzschaltern. Eingesetzt wird diese vorwiegend in Räumen mit mehr als zwei Zugängen. > Abb. 30

Die Schalter können meist mit oder ohne Glimm-Kontrolllampe (Kontrollampe brennt bei eingeschaltetem Licht) oder auch mit Orientierungslicht (Schalterbeleuchtung, die bei ausgeschaltetem Schalter brennt) versehen werden.

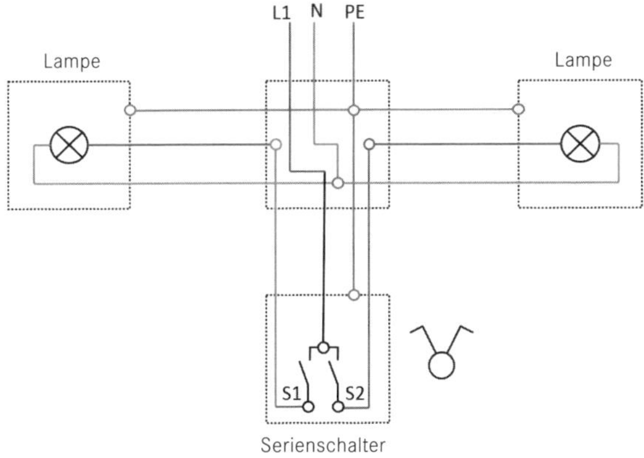

Abb. 28: Schema der Serienschaltung

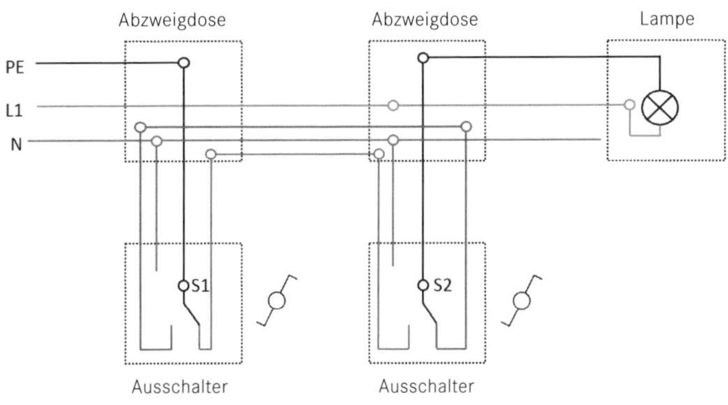

Abb. 29: Schema der Wechselschaltung

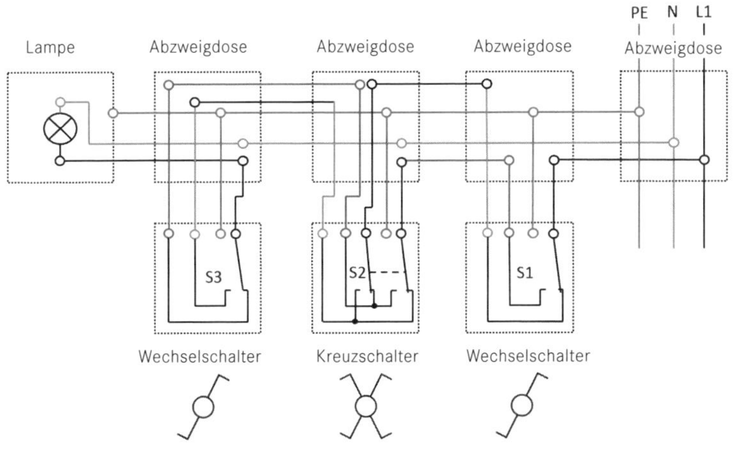

Abb. 30: Schema der Kreuzschaltung

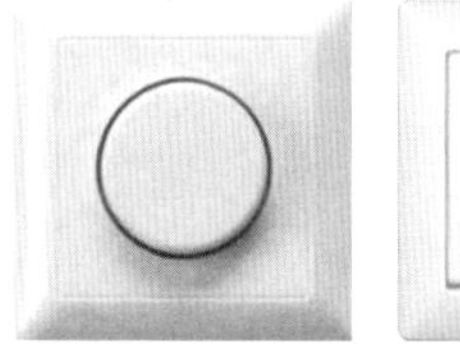

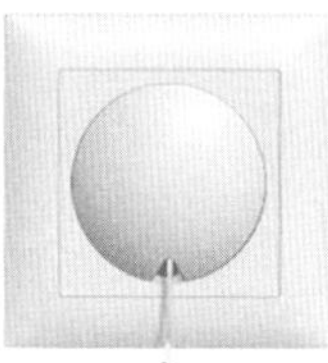

Abb. 31:Beispiele für Dreh-, Wippen-, Kipp-, Druck- und Zugschalter (v. l. n. r.)

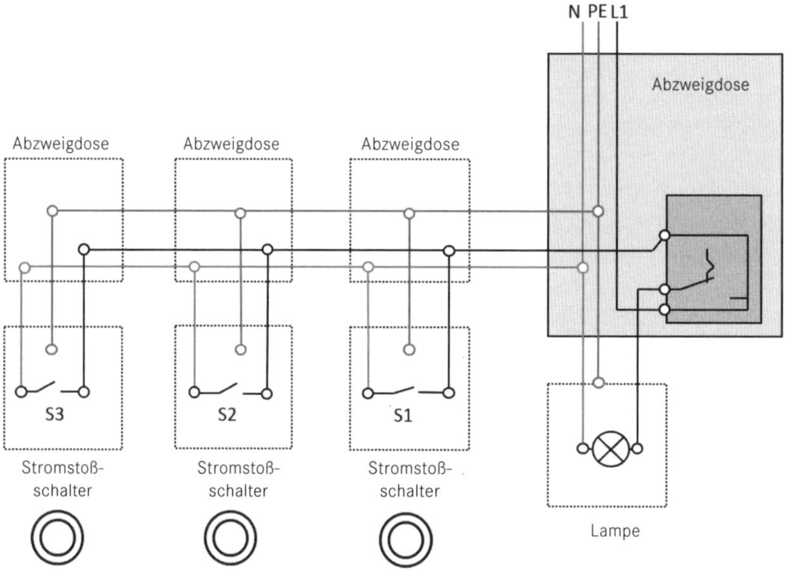

Abb. 32: Schema der Stromstoß-/Taster-/Relaisschaltung

Nach der technischen Ausführung wird z. B. unterschieden in Dreh-, Wippen-, Kipp-, Druck- und Zugschalter in Aufputz- oder Unterputzausführung, auch für Hohlwände, Türrahmen und Schalttafeln. Es gibt Ausführungen mit Schraubanschlussklemmen, schraubenlosen Klemmen, für starre oder starre und flexible Leiter. > Abb. 31

Spezielle Ausführungen für unterschiedliche Zwecke können sein: Taster für die Installationsfernschaltung, elektronische Schalter, fernbedienbare Schalter, Schalter in Kombination mit Dimmern, Zeitschalter usw.

Taster

Die sogenannte Installationsfernschaltung ist eine Lampenschaltung mit elektromagnetischer Fernbedienung mit Hilfe eines Stromstoßschalters. > Abb. 32 Statt der herkömmlichen Schalter (d. h. Aus-, Serien-, Wech-

Abb. 33: Vielfalt an Installationsgeräten mit einheitlicher Gestaltung (Quelle: Busch-Jäger Elektro GmbH, Lüdenscheid)

sel- und Kreuzschalter mit der entsprechenden Verdrahtung) werden hier einfache Taster benutzt. Eine Stromstoßschaltung besteht aus dem Hauptstromkreis mit der (den) zu steuernden Lampe(n) und dem Steuerstromkreis mit beliebig vielen Tastschaltern.

Beim Betätigen eines Tasters erhält der Installationsfernschalter, der auch als Stromstoßschalter oder Stromstoßrelais bezeichnet wird, einen Impuls – einen Stromstoß. Dieser Stromstoß löst die Schalthandlung im Stromkreis aus. Der Installationsfernschalter hat zwei (oder auch mehrere) Schaltstellungen, die durch die von den Tastern bewirkten Impulse gewechselt werden. Beim nächsten Stromstoß wird die jeweils folgende Stellung eingenommen. Installationsfernschalter werden im Allgemeinen im Stromkreisverteiler auf der Hutschiene untergebracht.

Vorteilhaft ist, dass beliebig viele Taster an den Installationsfernschalter angeschlossen werden können. Das ist besonders praktisch z. B. in langen Fluren oder ausgedehnten Treppenhäusern, wo aus zahlreichen Positionen heraus geschaltet werden kann.

Dimmer

Dimmer werden benutzt, um die Helligkeit von Beleuchtungen stufenlos steuern zu können. Dimmer unterscheiden sich sowohl in der Art der Bedienung (z. B. über Drehen, Berühren) und der Art des Leuchtmittels, da nicht jedes Leuchtmittel mit jedem Dimmer kombinierbar ist.

Weitere Schalterarten

Darüber hinaus gibt es eine Vielzahl von Spezialschaltern. Hierzu gehören z. B. Schlüsselschalter, Bewegungsmelder, Dämmerungsschalter, Funkschalter, welche in der Regel ebenfalls über gleiche Schalterprogramme von den Herstellern angeboten werden. Hinzu kommen Schwachstromelemente für Telefon, Netzwerk, Audio/Video, Gegensprechanlagen, Lautsprecher, Jalousie, Heizungsregelung, Zeitschaltuhren usw.

> Abb. 33

Tab. 5: Beispiele für Mindestschutzarten

Fremdkörperschutz	1. Ziffer	Feuchteschutz	2. Ziffer	Schutzart	Beispiel
d > 12,5 mm	2	Kein	0	IP 20	Steckdose im Wohnbereich
d > 1,0 mm	4	Spritzwasser	4	IP 44	Abgedeckte Leuchte in Bad oder Dusche
Staub	5	Strahlwasser	5	IP 55	Verteiler in einer Schwimmhalle

SCHUTZARTEN

Für die Unterbringung von Schaltern, Steckdosen, Dimmern usw. in den Wänden werden Gerätedosen benötigt. Gerätedosen für Schalter, Steckdosen oder andere Geräte werden in Unterputz-Ausführung (UP) angeboten und gehören nicht zum Lieferumfang für UP-Steckdosen oder -Schalter. Aufputz-Gerätedosen sind dagegen meist Bestandteil der Installationsgeräte, z. B. für die Feuchtraum-Installation in Schutzart IP 44.

BELEUCHTUNGSANLAGEN

Zu den Beleuchtungsanlagen gehören neben den ortsfesten Leuchten für die Allgemein- und Akzentbeleuchtung auch die ortsfesten Leuchten für die Sicherheitsbeleuchtung (Sicherheitsbeleuchtungsanlage, Sicherheitsleuchte, Einzelbatterie-Leuchte). O

Neben der Sicherheitsbeleuchtung, welche meist einen eigenen, abgesicherten Stromkreis erhält, sind alle Leitungen für Leuchten in die Raumplanung zu integrieren. Hierbei sind gerade die Wegeführungen zu Leuchtenauslässen vorausschauend zu planen, wenn beispielsweise in Sichtbetondecken Deckenlampen anzuordnen sind. Einige Leuchtenarten arbeiten mit Niedervoltsystemen bzw. benötigen Vorschaltgeräte, sodass die Festlegung der Leuchten und Leuchtmittel frühzeitig im Planungsprozess sinnvoll ist. Einbauleuchten werden oftmals in spezifische Hohlkörper eingebaut, welche bereits bei der Betonage der Decke einzupassen sind. > Abb. 35 Gerade die rasante Entwicklung im Bereich LED führt dazu, dass Beleuchtungskonzepte aufgrund der Langlebigkeit und des extrem geringen Strombedarfs von LEDs komplett neu überdacht werden können.

O **Hinweis:** Beleuchtungsanlagen und die Abstimmung mit der natürlichen Belichtung werden ausführlich im Band *Basics Lichtplanung* beschrieben. Daher werden hier nur die relevanten Inhalte für die Elektroplanung behandelt.

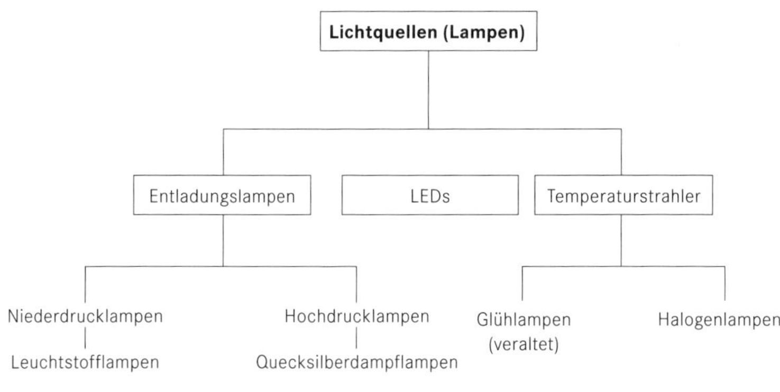

Abb. 34: Klassifizierung von Lichtquellen

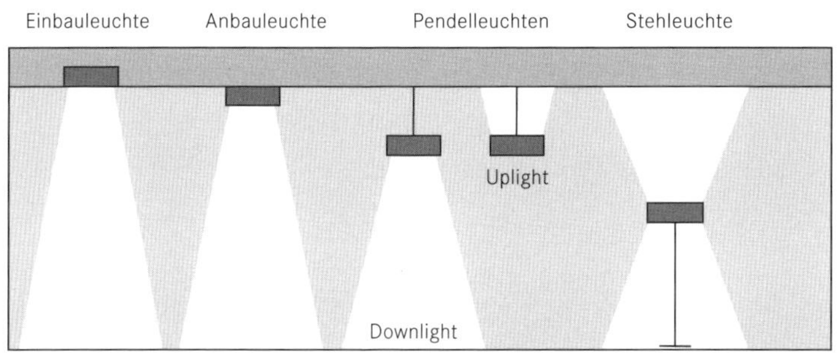

Abb. 35: Leuchtenarten

Notbeleuchtung

Eine Notbeleuchtung wird für den Fall benötigt, dass die Stromversorgung der allgemeinen künstlichen Beleuchtung ausfällt. Darum ist bei der Errichtung einzuplanen, dass die Notbeleuchtung unabhängig von der Energieversorgung für die allgemeine künstliche Beleuchtung gespeist wird. Bei der Auslegung der Notbeleuchtung wird zwischen den Einsatzzwecken als Sicherheits- oder als Ersatzbeleuchtung unterschieden. Die Sicherheitsbeleuchtung muss bei einem Ausfall der allgemeinen Stromversorgung zur Erfüllung der Schutzziele, wie z. B. dem gefahrlosen Verlassen eines Orts oder der Vermeidung von Panik und Gewährleistung der Sicherheit bei potenziell gefährdeten Arbeitsplätzen, folgende Funktionen haben:

Tab. 6: Bauliche Anlagen der Notbeleuchtung

Bauliche Anlagen für Menschenansammlungen	Umschaltzeit max. (s)	Bemessungsbetriebsdauer der Stromquelle für Sicherheitszwecke (h)	Be- oder hinterleuchtetes Sicherheitszeichen in Dauerbetrieb	Zentrales Stromversorgungssystem (CPS)	Stromversorgungssystem mit Leistungsbezeichnung (LPS)	Einzelbatteriesystem	Stromerzeugungsaggregat ohne Unterbrechung (0 s)	Stromerzeugungsaggregat kurze Unterbrechung (< 0,5 s)	Stromerzeugungsaggregat mittlere Unterbrechung (< 15 s)
Versammlungsstätten, Theater, Restaurants, Flughäfen, Bahnhöfe	1	3	X	X	X	X	X	X	
Beherbergungsstätten, Heime	15	8	X	X	X	X	X	X	X
Schulen, Hochhäuser, Tiefgaragen, Parkhäuser	15	3	X	X	X	X	X	X	X
Rettungswege in Arbeitsstätten	15		X	X	X	X	X	X	X
Arbeitsplätze mit besonderer Gefährdung	0,5		X	X	X	X	X	X	

- Beleuchtung bzw. Hinterleuchtung der Sicherheitszeichen für Rettungswege
- Ausleuchtung der Rettungswege
- Beleuchtung der Brandbekämpfungs- und Meldeeinrichtungen
- Ermöglichen von Rettungsmaßnahmen

Je nach Anforderung ist gegebenenfalls ein separates brandgeschütztes Leitungsnetz vorzusehen. Dies kann in F90-Bauteilen ohne Brandlast angeordnet werden oder als geschützte E30/E90-Kabel ausgeführt werden. Gegebenenfalls kommen auch Batterielösungen zum Einsatz.

Eine Sicherheitsbeleuchtung ist unter anderem bei Rettungswegen in Arbeitsstätten, Beherbergungsstätten, Heimen, Verkaufsstätten, Restaurants, Versammlungsstätten wie Theater, Bühnen, Kinos, Ausstellungshallen, Tiefgaragen und Parkhäusern , Flughäfen und Bahnhöfen sowie Schulen vorzusehen. > Tab. 6

Ersatzbeleuchtung

Eine Ersatzbeleuchtung wird genutzt, um beim Ausfall der normalen Beleuchtung wirtschaftlich und/oder technisch wichtige Arbeiten weiterführen zu können. Daher müssen zum einen die für die Sicherheitsbeleuchtung geltenden Vorgaben erfüllt werden und zum anderen muss die Leistung der Ersatzbeleuchtung der Leistung der normalen Beleuchtung entsprechen. Bei einem niedrigeren Beleuchtungsniveau darf sie nur zum Herunterfahren oder Beenden der Arbeitsprozesse genutzt werden.

Blitzschutzanlagen

Überspannungen

Überspannungen sind kurzzeitige Spannungsimpulse – sogenannte Transienten (von lat. transire, vorbeigehen) – die nur für Sekundenbruchteile auftreten. Sie erreichen Spannungswerte von mehreren 10.000 Volt. Sie haben sehr kurze Anstiegszeiten von wenigen Mikrosekunden (µs), bevor sie dann relativ langsam über einem Zeitraum von bis zu mehreren 100 µs wieder abfallen.

Ursachen dieser Überspannungen sind:

- direkte oder indirekte Blitzeinschläge in bis zu einigen Kilometern Entfernung (LEMP, engl.: lightning electromagnetic pulse)
- Schalthandlungen im Energienetz oder im Haus (SEMP, engl.: switching electromagnetic pulse)
- Störungen durch elektrostatische Entladungen (ESD, engl.: electro static discharge)

Bei einem Blitzeinschlag ist üblicherweise davon auszugehen, dass etwa 50 % des Blitzstroms über das äußere Blitzschutzsystem (Blitzableiter) in die Erde abgeführt werden. Bis zu 50 % des verbleibenden Blitzstroms fließen über elektrisch leitfähige Systeme wie den Hauptpotenzialausgleich in das Gebäude hinein. Deshalb ist es trotz Vorhandenseins eines äußeren Blitzschutzsystems immer notwendig, auch ein inneres Blitzschutzsystem zu installieren.

Äußerer Blitzschutz

Der äußere Blitzschutz wird durch bauliche Maßnahmen in Form von Fangeinrichtungen, Ableiteinrichtung (Blitzableiter) und Erdungsanlage gebildet. > Abb. 36 und 37 Er bewahrt bauliche Anlagen nur vor mechanischer Zerstörung und Brand. Er verhindert jedoch nicht, dass das vom Blitz getroffene Gebäude in seinem elektrischen Potenzial um einige 10 kV bis einige 100 kV gegenüber der Umgebung angehoben wird. Diese Potenzialdifferenzen übersteigen die Isolationsfestigkeit von Niederspannungsverbraucheranlagen um ein Vielfaches. Deren völlige Zerstörung ist oft die Folge.

Innerer Blitzschutz

Der innere Blitzschutz dagegen wird durch Schutzelemente wie Blitzstromableiter (sogenannter Grobschutz), Überspannungsableiter (Mittelschutz) und durch den Geräteschutz (Feinschutz) realisiert.

Einem auf den Blitzschutz bezogenen Risikomanagement geht eine Risikoanalyse voraus. Mit dieser wird zuerst die Notwendigkeit des Blitzschutzes ermittelt. Anschließend werden die technisch und wirtschaftlich optimalen Schutzmaßnahmen festgelegt. Dabei wird das zu schützende Objekt in eine oder mehrere Blitzschutzzonen (LPZ, en: lightning protection zone) unterteilt.

Abb. 36: Blitzableiter am Haus

Abb. 37: Blitzschutzeinrichtungen auf dem Dach

Blitzschutzzonen

Die Schutzzonen , wie in Abb. 38 dargestellt, sind wie folgt definiert:

– Zone 0 (LPZ 0): In diesem Bereich, der außerhalb eines Gebäudes liegt, gibt es keine Abschirmung gegen elektromagnetische Störimpulse (LEMP). Man unterscheidet innerhalb der LPZ 0 zwei Bereiche. LPZ 0A steht für denjenigen Bereich, der einschlaggefährdet ist. Betroffen sind hier oberirdisch angeordnete Geräte und Leitungen außerhalb von Gebäuden und Schutzbereichen. LPZ 0B hingegen ist der Bereich, der durch eine äußere Blitzschutzanlage vor direkter Blitzeinwirkung geschützt ist. Betroffen sind Leitungen im Erdreich, Geräte und Leitungen im Außenbereich unterhalb von 20 m im Schutzbereich des Gebäudes oder Geräte und Leitungen im Außenbereich oberhalb von 20 m, wenn sich die Geräte oder Leitungen im Schutzbereich einer Blitzschutzanlage oder einer isolierten Fangeinrichtung befinden.

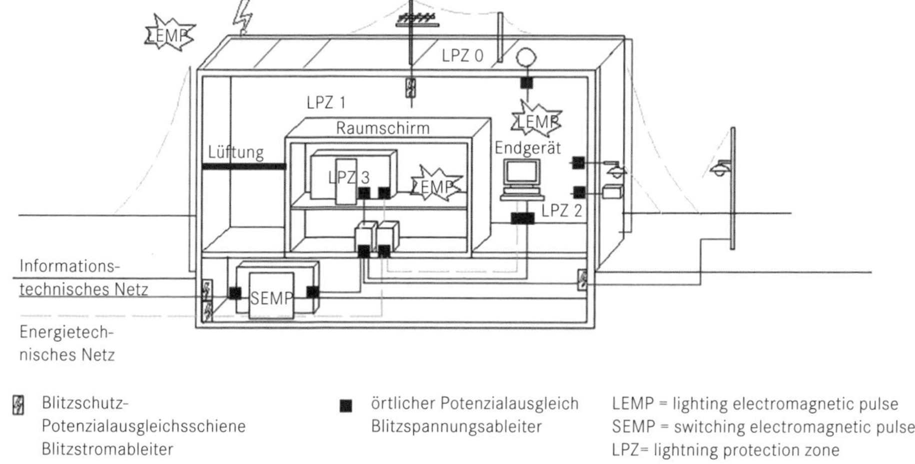

Abb. 38: Schutzzonenkonzept im Blitzschutz

- Zone 1 (LPZ 1): Der Übergang von der LPZ 0B zur LPZ 1 erfolgt durch einen Blitzstromableiter, der z. B. in der Hauptverteilung oder am Gebäudeeintritt installiert wird und bei direkten oder nahen Blitzeinschlägen Schutz bietet. Die Zone 1 betrifft Geräte und Leitungen im Inneren von Gebäuden sowie in deren Kellerräumen.
- Zone 2 (LPZ 2): Der Übergang von der LPZ 1 zur LPZ 2 erfolgt durch einen Überspannungsableiter, der bspw. in der Stromverteilung bzw. Unterverteilung installiert wird und vor Überspannungen schützt, die aufgrund ferner Blitzeinschläge über das Versorgungsnetz einlaufen. In der Zone 2 sind nur noch geringe Überspannungen möglich.
- Zone 3 (LPZ 3): Der Übergang von der LPZ 2 zur LPZ 3 erfolgt durch einen Geräteschutz, also einen mobilen Überspannungsableiter, der z. B. an Steckdosen oder elektrischen Geräten installiert wird. Er schützt vor Überspannungen in der Stromversorgung des Endverbrauchers. In der Zone 3 sind keine Störimpulse durch LEMP sowie Überspannungen vorhanden.

Für jede Blitzschutzzone werden die geometrischen Grenzen, die Blitzbedrohungsdaten und die zu beachtenden Schadensarten festgelegt. Ausgehend vom ungeschützten Zustand des Objekts, wird das angenommene Risiko so lange durch die Anwendung von weiteren Schutzmaßnahmen vermindert, bis nur noch ein akzeptierbares Restrisiko bestehen bleibt. Zu berücksichtigen sind zum einen Schutzmaßnahmen für bauliche Anlagen mit den darin befindlichen Personen, elektrischen und elektronischen Anlagen, zum anderen solche für Versorgungsleitungen.

Schwachstrominstallationen in Gebäuden

Schwachstromanlagen sind elektrische Anlagen, welche im Regelfall keine Ströme führen, die für Menschen gefährlich sind oder große Sachbeschädigungen hervorrufen können. In der Praxis werden solche Schwachstromanlagen mit Spannungen von weniger als 50 Volt und Strömen kleiner als 2 Ampere geführt.

NETZWERK- UND KOMMUNIKATIONSTECHNIK

Telefon-/Internetanschluss

Der Anschluss eines Gebäudes an die externe Kommunikationstechnik erfolgt in der Regel über einen Telefon-/ISDN- bzw. DSL-Anschluss, gegebenenfalls auch über leistungsstarke Glasfaser- oder Satellitenverbindungen. Der Telefonnetzanbieter legt hierbei eine Leitung bis in das Haus. Eine weitere Vernetzung der Anschlussdosen in den Wohnungen bzw. Nutzungseinheiten erfolgt im Rahmen der Elektroplanung. Üblicherweise wird in der Wohnung bzw. Nutzungseinheit an zentraler Stelle eine Telefon-Anschluss-Einheit (TAE-Dose) montiert, von welcher aus Router den internen Netzbetrieb mit Internet, Telefon, Fax usw. organisieren.

Routerlösungen im Wohnungsbau

In Wohnungen werden in der Regel Router mit der TAE-Dose verbunden, welche über weitere Anschlüsse für analoge Endgeräte (Telefon, Fax usw.) und Netzwerkkabel verfügen. Über Wireless Local Area Network (W-LAN) und Digital Enhanced Cordless Telecommunications (DECT) können funkbasiert weitere Geräte in die Kommunikation eingebunden werden. Im gehobenen Wohnungsbau ist es mittlerweile üblich, alle Räume über Ethernet-Verkabelung zu versorgen und entsprechende Anschlussdosen sowie ein Patchfeld im Bereich des Telefon-/Internetanschlusses für den Aufbau eines Heimnetzes vorzuhalten.

Serverlösungen

In größeren Nutzungseinheiten wie z. B. Bürogebäuden werden komplexere Netzwerksysteme aufgebaut, welche in der Regel über eigene Serverschränke bzw. Serverräume verfügen. Alle LAN-gebundenen Datenkabel werden von dieser Stelle aus in der Nutzungseinheit verteilt, sodass eine hohe Installationsdichte im Bereich der Server und Patchfelder entsteht. > Abb 39 und 40 Gegebenenfalls werden für zentrale Nutzungseinheiten (wie z. B. unternehmensweite Datenspeicher) gesonderte Räume eingeplant, die über eine autarke Energie- und Luftversorgung, brandschutztechnische Vorkehrungen sowie hohe Sicherheitsstandards für die Zugänglichkeit verfügen können.

Serverschränke/Racks

Zentrale Einheiten eines Netzwerks sind die Serverschränke (auch englisch Rack genannt), welche meist mit dem Installations-Achsmaß 19 Zoll (ca. 45 cm) und 21 Zoll (ca. 50 cm) eingebaut werden. Die Serverschränke haben in der Regel Außenmaße von 60 cm oder 80 cm Breite

Abb. 39: Netzwerkdosen RJ45

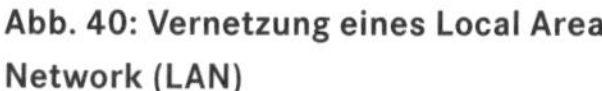

Abb. 40: Vernetzung eines Local Area Network (LAN)

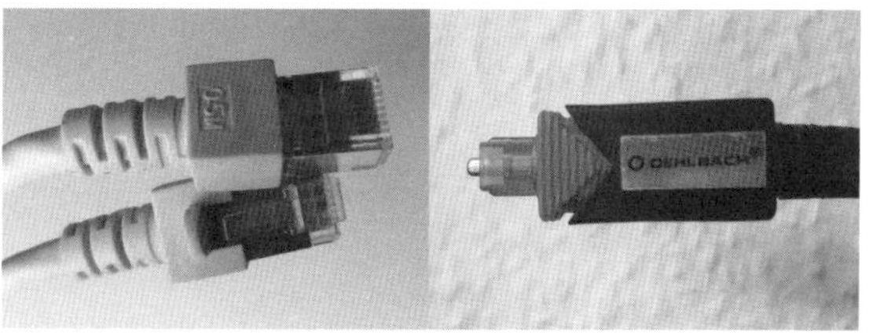

Abb. 41: Netzwerkkabel CAT mit RJ45-Stecker (links) und LWL-Kabel (rechts)

und als Standschränke eine Höhe von 200 cm bis 220 cm. Die Tiefe variiert zwischen 60 cm und 120 cm. Sie ist abhängig von den Einbaukomponenten und der beidseitigen Bedienbarkeit. Zur Installation und Wartung von Serverschränken sollten davor und dahinter jeweils Gangbreiten von 100 cm vorgesehen werden. In kleineren Nutzungseinheiten werden gegebenenfalls nur Patchfelder benutzt, welche sich problemlos in Schrankelementen unterbringen lassen.

Ethernet

Die typische Ethernet-Verkabelung besteht aus RJ45-Patchkabeln oder Lichtwellenleitern (LWL) > Abb. 41, welche eine Verbindung zwischen dem Netzwerkverteiler/Patchfeld und der Anschlussdose bzw. dem Endgerät herstellen. Es ist in der Regel sinnvoll, die Verkabelung von Netzwerken so zu gestalten, dass im Betrieb zu Wartungs- und Austauschzwecken Zugriff auf die Kabel gegeben ist. Dies kann über Hohlraumleitungswege (in Kabelkanälen, Kabelpritschen oder Doppel-/Hohlböden) oder über Leerrohrverkabelung erfolgen.

Power-LAN

Eine zunehmend genutzte Alternative ist die Vernetzung über die Steckdosen der vorhandenen Niederspannungsinstallation (auch Power-LAN genannt). Hier kann auf eine zusätzliche Verkabelung von Netzwerken verzichtet werden.

Tür-/
Hauskommunikation

Die Tür- und Hauskommunikation umfasst in der Regel Sprech- bzw. Videoanlagen für Eingangstüren. Ergänzend zum einfachen Summer, der über eine elektrische Spannung das Türöffnen ermöglicht, gibt es verschiedene Kommunikationssysteme. Gegensprechanlagen werden in der Regel sternförmig von der Klingelanlage der Hauseingangstür zu Hörer-Sprechanlagen an den Eingangstüren der Wohnungen bzw. Nutzungseinheiten verlegt. Sie ermöglichen jedoch keine Kommunikation untereinander. Freisprecheinrichtungen hingegen kommen ohne Hörer aus und können auch als Hauskommunikationsanlage ausgebaut werden. Schlussendlich werden heutzutage oft zusätzliche Videofunktionen ergänzt, die es ermöglichen, den Besucher auch ohne Sprechkontakt zu sehen. Hierzu ist jedoch eine zusätzliche Video-Verkabelung notwendig.

TV/Video/Audio

Der Fernsehempfang kann über Internet, Kabel, Satellit oder Antenne erfolgen. Kabelanschlüsse werden parallel zur Telekommunikation über die Straße ins Haus gelegt, Antennenempfang erfolgt in der Regel dezentral. Die Nutzung von Satellitenanlagen erfordert eine genauere Planung der Leitungswege und der Positionierung der Parabolantenne, da diese zum störungsfreien Empfang über eine freie Direktverbindung zum Satelliten verfügen muss. O

Die klassische Verteilung von Video-/Audiosignalen im Haus erfolgt über Koaxialkabel und entsprechende Anschlussdosen. > Abb. 42 Koaxialkabel, kurz Koaxkabel, sind zweipolige Kabel mit konzentrischem Aufbau. Sie bestehen aus einem Innenleiter (auch Seele genannt), der in konstantem Abstand von einem hohlzylindrischen Außenleiter umgeben ist. Der Außenleiter schirmt den Innenleiter vor Störstrahlung ab. Heutzutage sind digitale Leitungswege bei den meisten Endgeräten Standard, sodass auch Netzwerkanschlüsse nutzbar sind.

Ergänzend werden je nach Nutzerwunsch Lautsprecherverkabelungen unterputz verlegt, um hochwertige Übertragungswege von Verstärkern zu Lautsprechern zu gewährleisten.

O **Hinweis:** Man unterscheidet den aktuell üblichen Standard Digital Video Braodcasting (DVB) nach folgenden Kategorien:
- DVB-C: Anschluss über Kabel
- DVB-S: Anschluss über Satellitenempfang
- DVB-T: Anschluss terrestrisch über Antenne

Abb. 42: Anschlussdosen für Koaxial- und Lautsprecherkabel

ELEKTROAKUSTISCHE ANLAGEN

Zu den Elektroakustischen Anlagen (ELA) gehören neben den Sprachalarmanlagen (SAA) auch Elektroakustische Notfallwarnsysteme und Beschallungsanlagen. Nach Möglichkeit sollte die gesamte elektroakustische Anlage in einem Gebäude für unterschiedliche Funktionen zur Verfügung stehen. Dies können sein:

- Notruf- und Rufdurchsage mit frei wählbaren und programmierbaren Gongankündigungen
- Gezielte Alarmierung mit Räumungsanweisungen
- Musikübertragung in guter Klangqualität

Dafür wird das Objekt mit allen Nebenräumen in Lautsprecher-Kreise für Einzelruf aufgeteilt. Bei Durchsagen in einen Lautsprecherkreis dürfen die geschalteten Programme in den übrigen Bereichen nicht unterbrochen werden.

Die Auslösung eines Alarmsignals durch die Brandmeldeanlage soll im Gefahrenfall automatisch auf die vorprogrammierten Lautsprecherlinien erfolgen. Als Alarmsignal wird ein einheitliches Gefahrensignal verwendet. Gezielte Räumungsanweisungen werden digital als Sound-Datei gespeichert und automatisch in den jeweils betroffenen Gebäudeabschnitten durch die Branddetektion der Brandmeldezentrale über überwachte Schnittstellen ausgelöst.

Unterzentralen in abgesetzten Gebäuden mit Eigenprogramm sind an die Hauptzentrale anzuschalten und in die Überwachung der Hauptzentrale zu integrieren. Fremdsysteme zur Musikeinspielung sowie Hintergrund-Musikprogramme über die Alarmierungsanlage sind für die Sicherstellung einer hohen Sprachverständlichkeit für den Alarmfall stumm zu schalten.

Einsatzkräfte von Polizei und Feuerwehr benötigen für die Mobilisierung und Evakuierung von Personen eine auch im Notfall funktionierende Anlage. Das Alarmierungssystem ist daher mit einer USV-Anlage auszustatten, die den Funktionserhalt für mindestens 30 Minuten sicherstellt. Auch die Reservestromversorgung ist zu beachten.

VIDEOÜBERWACHUNG

Unter Videoüberwachung versteht man die Beobachtung von Objekten, Personen oder Geländestrecken mittels Videokamera und Monitor. Die Videoüberwachung wird in der Regel in einem geschlossenen System über fest verlegte Kabel konzipiert (CCTV = Closed Circuit Television).

In der einfachsten Form der Videoüberwachung werden lediglich Videokamera und Monitor verbunden. Je nach Aufgabenstellung wird es jedoch notwendig sein, weitere Komponenten in das Videoüberwachungssystem mit einzubinden.

Analog-Video

Bei analogen Videosystemen werden die Video-Systemsignale (Video, Steuerung und Parametrierung) über Koaxialkabel, Zweidrahtleitungen oder moduliert über Glasfaser übertragen. Die Information dieser Signale besteht aus analogen (nicht abgestuften) Spannungswerten und in der übertragenen Frequenz. In klassischen analogen Videosystemen wird eine Vielzahl von Kameras mit einer Kreuzschiene auf eine Mehrzahl von Monitoren geschaltet. Hierbei entsteht jeweils eine Punkt-zu-Punkt-Verbindung, deren Signalrichtung bereits in der Planung festgelegt worden ist.

Die Verkabelung ist in der Regel sternförmig, wobei Untereinheiten (Satellitsysteme) gebildet werden können. Die Qualität vom analogen Video ist in der Regel sehr gut. Wird jedoch das analoge Videosignal über längere Strecken übertragen, so nimmt die Signalhöhe ab und das Bild verliert an Kontrast. Ebenso werden die hohen Frequenzanteile gedämpft, sodass die Schärfe zunehmend verloren geht. Müssen nun zusätzliche Verstärker (Entzerrer) verwendet werden, steigt das Signalrauschen an. Die Videoqualität sinkt daher mit zunehmender Übertragungsentfernung.

Video over IP (VioIP)

Im Gegensatz zum Analog-Video sind die Video-Systemsignale bei Video over IP alle digital und werden über ein IT-Netzwerk (Local/Wide Area Network LAN/WAN oder Internet) übertragen. Diese IT-Netzwerke bestehen in der Regel aus aktiven Komponenten (Verteiler [„Switch“], Router usw.) und den dazwischenliegenden Verbindungen. Das sind in der Regel UTP-Kabel (Unshielded Twisted Pair, symmetrische, nichtgeschirmte Kabel mit paarweisen verdrillten farbigen Drähten [Cat 5, 6 oder 7], Glasfaser [LWL] oder Funkstrecken [Wireless]).

Die Qualität des digitalen Videosignales im IT-Netzwerk ist von der Länge der Übertragungsstrecke unabhängig und bleibt damit stets erhalten. Auch wird die Richtung des Signalweges erst durch das verwendete Endgerät (Kamera, Monitor, Rekorder usw.) bestimmt und lässt sich daher flexibel ändern. So ist es auch problemlos möglich, weitere Endgeräte in das IT-Netzwerk einzubinden, sofern die zulässige Netzwerklast im betroffenen Zweig nicht überschritten wird.

GEFAHRMELDE- UND ALARMANLAGEN

Gefahrenmeldeanlagen dienen zum zuverlässigen Erkennen und Melden von Gefahren für Personen und Sachen. > Abb. 43 Sie veranlassen selbsttätig oder manuell ausgelöst die Verarbeitung, Übertragung und Ausgabe von Gefahrenmeldungen. Dabei sind die Übertragungswege in Ringtechnik oder Gleichstromtechnik permanent überwacht.

Einbruchmeldeanlagen (EMA)

Einbruchmeldeanlagen (EMA) sind Gefahrenmeldeanlagen, die dem automatischen Überwachen von Gegenständen auf unbefugtes Entfernen sowie von Flächen und Räumen auf unbefugtes Eindringen dienen. Wird die Gebäudehülle überwacht, so sind Magnetkontakte, Sensoren, Bewegungsmelder, Glasbruchmelder usw. in das System einzubinden. Für die Architekturplanung ist zu berücksichtigen, dass alle Fenster, Türen und sonstigen Zugänge entsprechend elektrifiziert werden müssen.

Überfallmeldeanlagen (ÜMA)

Überfallmeldeanlagen (ÜMA) sind Gefahrenmeldeanlagen, die Personen zum direkten Hilferuf bei Überfällen dienen – in der Regel direkt zur Polizei. Parallel kann dieser Alarm als Sekundäralarm von einer externen Sicherheitsleitstelle entgegengenommen werden.

Brandmeldeanlagen (BMA)

Brandmeldeanlagen (BMA) sind Gefahrenmeldeanlagen, die Personen zum direkten Hilferuf bei Brandgefahren dienen bzw. die Brände zu einem frühen Zeitpunkt erkennen und melden.

Sie bestehen aus Brandmeldern, der Brandmeldezentrale (BMZ) mit Energieversorgung einschließlich Notstromversorgung, der Übertragungseinrichtung, Alarmgebern zur Intern-Alarmierung und den Steuereinrichtungen z. B. zum Schließen von Brandschutztüren, zum Öffnen von Rauch- und Wärmeabzügen, zur Ansteuerung von Löschanlagen oder zum Abschalten von Maschinen.

Automatische Brandmelder haben die Aufgabe, bei der Entstehung eines Brandes auftretende Brandkenngrößen wie sichtbarer oder unsichtbarer Rauch, Wärme oder Flammen zu detektieren und an die Brandmelderzentrale zu melden.

Entsprechend den Brandkenngrößen unterscheidet man optische, thermische und chemische Brandmelder oder Kombinationen hiervon, Flammenmelder sowie Sondermelder und Ansaugrauchsysteme. Hinzu kommen die Handfeuermelder, die an Fluchtwegen zur manuellen Alarmauslösung eingesetzt werden. Zur Weiterleitung der Signale sind die Melder einzeln oder in Gruppen an Meldergruppen angeschlossen. Diese werden als Stich- und/oder Ringleitungen zur Brandmeldezentrale geführt.

Die Brandmeldezentrale nimmt die vorab geprüften Signale der Melder auf, bewertet und verarbeitet sie. Im Brandfall erfolgt die optische und akustische Signalisierung der auslösenden Meldergruppen und die Weiterleitung über die Übertragungseinrichtung an eine Hilfe leistende Stelle (Feuerwehr). Die präzise Brandortermittlung wird durch adressierbare

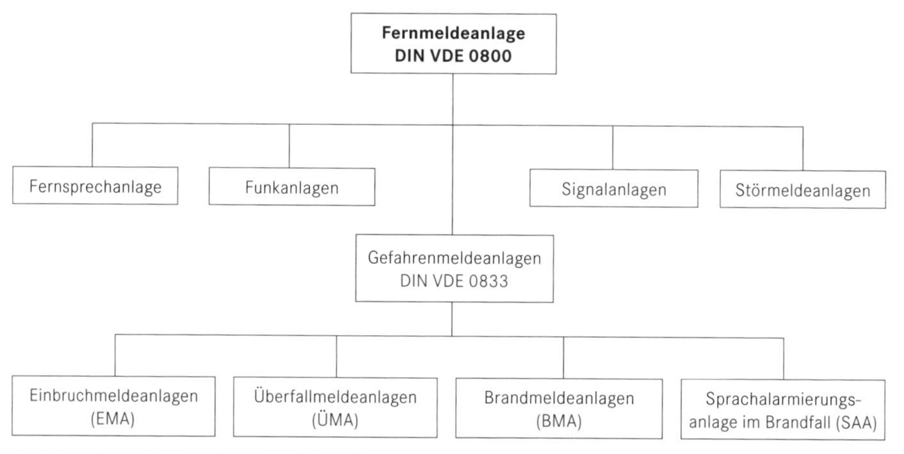

Abb. 43: Strukturelle Einordnung von Gefahrmeldeanlagen

Melder erreicht. Weitere Aufgaben der Brandmelderzentrale sind die Funktionsüberwachung der gesamten Anlage einschließlich der Anzeige eventueller Fehler sowie die Auslösung elektrisch gesteuerter Löschanlagen.

Neben umfangreichen Brandmeldeanlagen in größeren Gebäuden sind auch in Wohnungen Rauchmelder zu installieren. Diese sollten in allen Aufenthalts- und Schlafräumen an der Decke befestigt werden. Hierbei sind auch Batterielösungen ohne weitere Verkabelung denkbar. > Abb. 44 Hochwertige Rauchmelder sind zudem koppelbar, sodass im Eintrittsfall alle Rauchmelder gleichzeitig ein Signal geben können.

Sprachalarmierungsanlagen (SAA)

Zur Alarmierung von Einzelpersonen oder einer ganzen Gebäudebelegschaft sind vorzugsweise akustische Signalgeber mit DIN-Ton einzusetzen. > Abb. 45 In Fertigungsbereichen mit einem Schallpegel über 110 db/A und in öffentlichen Bereichen sind zusätzlich noch optische Signalgeber nötig, da auch hörgeschädigte Personen berücksichtigt werden müssen. Optische Alarmierungseinrichtungen sind die Rundumkennleuchte oder die Blitzleuchte.

Zu den akustischen Alarmierungseinrichtungen gehören neben Sirenen auch Hupen, elektronische Signalgeber mit einstellbaren Tönen, Beschallungsanlagen und Sprachalarmierungsanlagen für die Brandalarmierung.

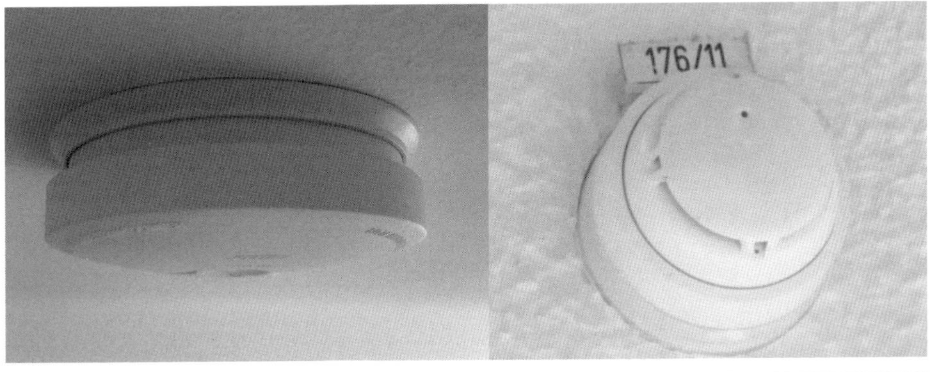

Abb. 44: Rauchmelder (links) und Brandmelder (rechts)

Abb. 45: Alarmierungs-Einbaulautsprecher in einer abgehängten Decke

Gebäudeautomation

BUS-SYSTEME

Einrichtungen, die zur automatischen Steuerung und Überwachung von technischen Anlagen und Abläufen in einem Gebäude sowie zur Kontrolle ihrer Verbrauchsdaten dienen, werden unter dem Begriff Gebäudeautomation (GA) zusammengefasst. Das System wird in die drei Bereiche

1. Managementebene,
2. Automationsebene und
3. Feldebene

unterteilt. > Abb. 47 und Kap. Ebenen der Gebäudeautomation

Die Gebäudesystemtechnik/Bustechnik ist als Teil der Gebäudeautomation zu betrachten, die die Automationsfunktionen und -aufgaben innerhalb der Räume von Gebäuden ausführt. Das ist raum- und gebäudeübergreifend möglich. Der Begriff der Gebäudeautomation entstand, um den Unterschied zur konventionellen Elektroinstallation zu verdeutlichen. Was früher durch Installation einzelner Komponenten realisiert wurde, wird heute von der Systemtechnik – dem Bus-System – erledigt.

Im Gegensatz zur herkömmlichen Elektroinstallation dient das zweiadrige, mit Schwachstrom betriebene Bus-System der Informationsvermittlung und übernimmt, unabhängig von deren Niedrigspannungsversorgung, die Schaltung der Endgeräte. Sensoren senden die aufgenommenen Informationen an die Aktoren. Diese wandeln sie in Schaltsignale für die Endgeräte (z. B. Klimaanlage) um. > Abb. 46 Da hier alle Aktoren und Sensoren an dieselbe Leitung angeschlossen sind, können über ein einziges (Bus)-System komplexe Regelvorgänge gesteuert werden. Die wichtigsten Bus-Systeme sind EIB/KNX, LON und LCN.

EIB/KNX

EIB/KNX wurde ursprünglich unter dem Namen Europäischer Installationsbus (EIB) als gemeinsamer Standard für die Anwendung der Gebäudeautomation im Gewerbe- und Wohnungsbau entwickelt. Nachdem das System modifiziert wurde, ging es als KNX an den Markt. KNX ist der einzige weltweite Standard, der eine Vernetzung von Produkten unterschiedlicher Hersteller ermöglicht. Das System besteht aus sogenannten Teilnehmern, den Sensoren und den Aktoren. Sensoren nehmen physikalische Größen wie Temperatur, Druck oder Luftdruck auf, wandeln sie in eine Information um und geben sie an das Netz weiter. Aktoren empfangen diese Informationen, wandeln sie in physikalische Größen um und lösen eine Funktion etwa bei Leuchten, Heizungen oder Jalousien aus.

Die kleinste Einheit einer KNX-Anlage ist eine Linie. Diese kann aus maximal 64 Teilnehmern bestehen und sollte eine Länge von maximal 100 m haben.

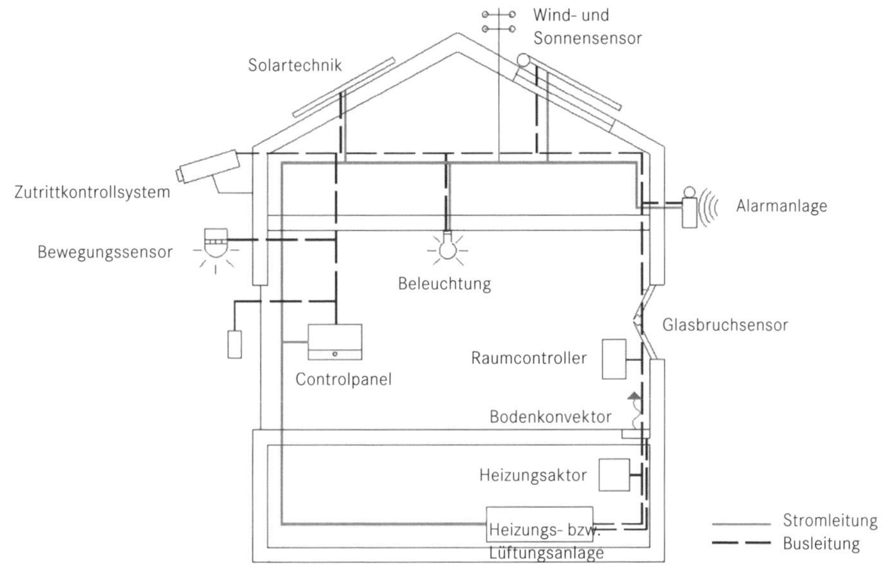

Abb. 46: Einsatzbereiche der Gebäudeautomation

Ursprungsgedanke des Local Operation Network (LON) war die dezentrale Automatisierung mit Hilfe einer Steuereinheit, die in allen beteiligten Geräten - sogenannten Nodes - zum Einsatz kommen kann. In einem LON finden sich neben Sensoren und Aktoren auch Controller. Auf diese Weise werden Informationen, die nur lokal benötigt werden, auch lokal verarbeitet. LON finden vor allem in der Mess-, Steuerungs- und Regelungstechnik (MSR) Anwendung. Für haustechnische Gewerke wie Heizung, Lüftung und Klima findet man diese Technik selten. LON

In der Gebäudeautomation wird darüber hinaus das Local Control Network (LCN) genutzt. Bei diesem System sind die Sensoren und die Aktoren mit Mikrocomputern ausgestattet, die kompakt genug sind, um in Unterputzdosen oder Stromkreisverteilungen Platz zu finden. Das LCN ist dadurch gekennzeichnet, dass es sehr einfach zu planen, zu installieren und zu programmieren ist - nicht zuletzt, weil Sensoren und Aktoren in einem Modul untergebracht werden können. LCN

Als Bus dient das 230 V-Netz, welches aber mit einer zusätzlichen Ader ausgestattet sein muss. Wird dies bei der Elektroinstallation berücksichtigt, ist keine weitere Verkabelung erforderlich. Auch benötigen die LCN-Module keine Netzteile, weil sie direkt an die Stromkabel angeschlossen werden. Ein LCN-Segment besteht aus maximal 250 Modulen. Damit können regelmäßig mehrere Hundert Räume gesteuert werden.

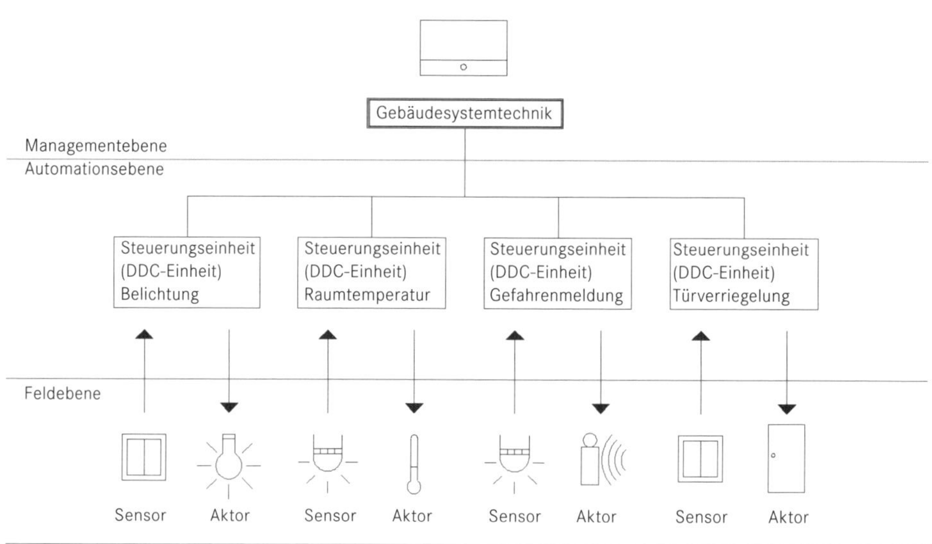

Abb. 47: Ebenen der Gebäudeautomation (GA)

EBENEN DER GEBÄUDEAUTOMATION

Die drei genannten Ebenen der GA-Systeme sind je nach Größe und Komplexität des Objekts bzw. der zu automatisierenden Liegenschaften ausgeprägt. Aufgrund des Fortschrittes in der digitalen Steuerungs- und Regelungstechnik verwischen die Grenzen der einzelnen Ebenen zunehmend. Insbesondere Funktionen der Automationsebene wurden mit leistungsfähigeren digitalen Systemen zunehmend dezentralisiert, d. h. in die Feldebene integriert.

Feldebene

In der untersten Feldebene werden die unterschiedlichen technischen Anlagen des Gebäudes mit Hilfe der Feldgeräte – den Sensoren und Aktoren – betrieben. Sensoren nehmen Informationen auf und senden diese über ein Bus-System (s. o.) an die Aktoren. Die Aktoren empfangen die Daten und setzen sie in Schaltsignale um. Informationen werden in der Feldebene verarbeitet und für die höheren Ebenen bereitgestellt.

Automationsebene

Die Automatisierungsebene übernimmt mit ihren Steuerungseinheiten (DDC – Direct Digital Control) die Überwachung von Grenzwerten, Schaltzuständen, Zählerständen, die Steuerung und die Regelung der gebäudetechnischen Anlagen. Automationsstationen verarbeiten die anfallenden Daten und kommunizieren sie an die Feld- bzw. Managementebene. Sie sind kleine, leistungsfähige Einrichtungen, die in digitaler Technik ausgeführt und mit standardisierten Softwaretools konfiguriert werden können.

Auf der Managementebene erfolgt das übergeordnete Bedienen und Beobachten der Prozesse und die Alarmierung bei Störungen. Informationen der Gebäudeautomation werden hier gesammelt und z. B. am Bildschirm-Arbeitsplatz ausgewertet und am Protokolldrucker ausgedruckt. Die Managementebene hat die Aufgabe, anlagenübergreifende und übergeordnete Regel- und Optimierungsalgorithmen zu realisieren. Als Ausstattungsmerkmal dienen neben einem Computer eine redundante Datenhaltung inklusive Möglichkeiten der Datensicherung und gegebenenfalls eine unterbrechungsfreie Stromversorgung.

Managementebene

ÜBERGEORDNETE MANAGEMENTFUNKTIONEN

Managementsysteme können als zentrale Leitwarte oder als verteilte Systeme mit mehreren Bedienstationen auf der Basis einer Client-Server-Architektur realisiert werden. Die Software der Managementsysteme besteht aus einem multitaskingfähigen Betriebssystem, einem leistungsfähigen Datenbanksystem, der Anwendersoftware und einer Software zur Prozessvisualisierung. Die Software kommuniziert über einen definierten Übergabepunkt - den Gebäudeautomationsknoten (GAK) - zwischen Management- und Automationsebene und tauscht Daten mit ihren Datenbanken aus.

Die Nutzung übergeordneter Managementfunktionen setzt eine Zusammenschaltung aller zugehörigen GA-Systeme zu einem interoperablen Gesamtsystem voraus. Es muss für die Aufschaltung unterschiedlicher Systeme offen sein. Hierzu benötigt das System eine offene Kommunikationsschnittstelle wie z. B. das firmenneutrale Datenübertragungssystem FND oder das BACnet, sodass bei Bedarf der Anschluss weiterer Automatisierungseinrichtungen an die Bedien- und Managementeinrichtungen möglich ist.

BACnet/IP-Netzwerke

Mit BACnet/IP steht eine Methode zur Verfügung, BACnet-Automationsnetzwerke über Gebäude- und Liegenschaftsgrenzen hinweg wachsen zu lassen. Für den Datentransport kommt dabei meist Ethernet zur Anwendung. Der Aufbau eines Ethernet-Netzwerks erfolgt über Router, Hubs, Switches, Repeater und Transceiver.

Ein BACnet/IP-Netzwerk ist ein virtuelles Netzwerk und besteht aus einem oder mehreren IP-Teilnetzwerken (IP-Domänen), die dieselbe BACnet-Netzwerknummer tragen. Es enthält eine Anzahl von Knoten, die unter Verwendung des BACnet/IP-Protokolls kommunizieren. Die BACnet/IP-Knoten können dabei zu verschiedenen physikalischen Netzwerken gehören, die wiederum Teil eines größeren IP-Netzwerks und ausschließlich durch IP-Router gekoppelt sind. Mehrere BACnet/IP-Knoten können zum selben BACnet-Netzwerk gehören.

Zentralfunktionen

Mit Hilfe von Bus-Systemen können Steuerungen für Beleuchtung, Rollläden und Jalousien, Heizung usw. einfach und verdrahtungssparend aufgebaut und programmiert werden. Alle Geräte und Systeme im Gebäude kommunizieren über die Busleitung. Zentralfunktionen nutzen diesen Umstand und steuern mit einem einzigen Steuerbefehl - dem Bustelegramm - ein ausgewähltes Gerät oder alle Geräte an. Die entsprechenden Busbefehle müssen lediglich programmiert werden.

Zentralfunktionen können z. B. sein:

- alle Lampen im Gebäude ein oder aus
- alle Fenster schließen
- die Thermostatventile der Heizungen herunterregeln
- Jalousien/Rollläden schließen oder öffnen

Alle Funktionen können beliebig miteinander kombiniert werden. Bei konventionellen Installationen wäre z. B. ein zentrales Ausschalten der Beleuchtung in Verbindung mit dem Herunterregeln der Heizungen lediglich mit einem zusätzlichen Verdrahtungsaufwand zu realisieren. Ist ein Bus-System installiert, muss der Bauherr dem Systemintegrator, der die Anlage programmiert und in Betrieb nimmt, nur die jeweiligen Verbindungen mitteilen. Einige Beispiele:

- „Licht aus“: Per Taster werden beim Schlafengehen sämtliche Leuchten im Haus ausgeschaltet. Einzelne Beleuchtungen wie z. B. die Aquariumsbeleuchtung können ausgenommen werden.
- „Licht ein“: Per Taster oder automatisch, z. B. beim Ansprechen der Alarmanlage, wird das gesamte Licht eingeschaltet.
- „Heizung ein/aus“: Beim Verlassen bzw. Betreten des Hauses werden alle Heizkörper auf einen vorher definierten Wert (z. B. Stellung Frostschutz) heruntergeregelt bzw. hochgefahren.
- „Jalousien hoch/runter“: Morgens und abends oder automatisch, z. B. bei Sturm (Signal vom Windwächter) werden alle Jalousien hochgefahren und alle Markisen eingezogen.
- „Fenster schließen“: Beim Verlassen des Hauses müssen nicht alle Fenster einzeln kontrolliert werden; sie schließen auf einmal oder automatisch bei entsprechenden Signalen vom Regen- bzw. Windwächter.
- „Verlassen des Hauses“: Aus Sicherheitsgründen werden alle elektrischen Verbraucher ausgeschaltet (mit Ausnahme von Kühl- und Gefriergeräten); das Licht wird ausgeschaltet (außer der Aquariumsbeleuchtung); alle Fenster werden geschlossen; Jalousien heruntergefahren oder zur Anwesenheitssimulation in den Zufallsmodus umgeschaltet; die Heizungen werden auf ein Minimum heruntergeregelt.

Die Möglichkeit, Zentralfunktionen zu programmieren, kann zudem zum Energiesparen beitragen. Sie können auch aus der Ferne - per Internet, Handy usw. - bedient werden, um z. B. vor der Ankunft die Heizung einzuschalten.

Einen hohen Komfort für den Nutzer des Gebäudes zu erzielen, ist neben der Sicherheit und der Energieeinsparung eines der Hauptziele der Gebäudeautomation. Ein hoher Automatisierungskomfort ist dann erreicht, wenn sich das GA-System automatisch auf die vorgegebenen Ziele der Nutzer einstellt und manuelle Nutzereingriffe im Normalfall nicht erforderlich werden. Einige Beispiele dafür sind:

Komfortfunktionen

- Helligkeits- und anwesenheitsgesteuerte Ein- oder Ausschaltung der Raumbeleuchtung mit dem Ziel, gleichmäßig helles Licht zur Verfügung zu haben, wenn Personen im Raum anwesend sind.
- Speicherung von „Szenen", die je nach Raumnutzung auf Knopfdruck abgerufen werden können, z. B. beim Vorführen von Präsentationen in Seminarräumen durch Herunterdimmen des Lichts und/oder Schließen der Rollläden.
- Nutzungs- und anwesensheitsgesteuerte Heizungssteuerung, mit der die gewünschte Behaglichkeitstemperatur automatisch geregelt und konstant gehalten wird.
- Automatische Steuerung der Jalousien je nach Sonneneinfall, sodass keine Blendung auftritt und/oder in der warmen Jahreszeit eine Übererwärmung der Räume ausgeschlossen wird.

Durchführung der Elektroplanung

Die Elektroplanung umfasst die Gesamtheit aller elektrischen Leitungswege, Anschlüsse und sonstiger Elemente. Auch wenn die meisten Inhalte der Elektroplanung sicherlich im Rahmen der Ausführungsplanung und der Festlegung von Qualitäten eine wesentliche Rolle spielen, so sind von Beginn an die Belange der Elektroplanung in den Entwurf zu integrieren.

Gerade die Lage und Dimensionierung des Hausanschlussraums und der Leitungswege sind im Entwurfsprozess wichtige Kenngrößen. Zudem versetzt eine frühe Festlegung z. B. des Elektrifizierungsumfangs von Bauteilen den Architekten in die Lage, gegebenenfalls Aufbauhöhen von Decken- und Bodenkonstruktionen abzuschätzen, um Raumproportionen und Gebäudehöhen ermitteln zu können.

So sind iterative Abstimmungsprozesse zwischen der Elektroplanung, der Architektur und den anderen Fachplanungen sowie Sachverständigen in der Planungsfortschreibung notwendig, um zu einer ganzheitlichen Lösung zu gelangen.

AUSFÜHRUNGSPLANUNG

Die Ausführungsplanung soll schlussendlich ein Ergebnis produzieren, in dem die funktionalen Vorgaben des Bauherrn umgesetzt wurden. Außerdem soll die Ausführungsplanung so eindeutig und erschöpfend sein, dass der ausführende Unternehmer seine Montageplanung daraus ableiten kann, ohne weitere Berechnungen, Bemessungen usw. vornehmen zu müssen. Hierzu sind neben den Elektroplänen auf Basis der Architekturplanung Strangzeichnungen, Berechnungen und Festlegungen von Systemen und Qualitäten notwendig. > Abb. 48 und 49

Besonderes Augenmerk ist auf die Koordination mit anderen Gewerken zu legen. Das bedeutet nicht nur, dass die Planung technisch und terminlich ausführbar erstellt wurde und sich die ausführenden Firmen nicht gegenseitig behindern. Vielmehr ist darauf zu achten, dass Kollisionen vor allem mit anderen haustechnischen Gewerken verhindert werden. Das betrifft vor allem die Leitungsführung, aber auch die Brandschottung und die Belegung von Schlitzen und Durchbrüchen sowie Schächten.

DIMENSIONIERUNG

Bezogen auf die elektrische Energieversorgung ist die Abschätzung der benötigten Leistung die wichtigste Aufgabe bei der Grundlagenermittlung. Um eine hohe Effizienz zu erreichen, sollten die Komponenten mit einer Auslastung von etwa 70 % bis 80 % der Maximalleistung arbeiten. Unterdimensionierung führt zu Fehlfunktionen, Überdimensionierung zu überhöhten Kosten.

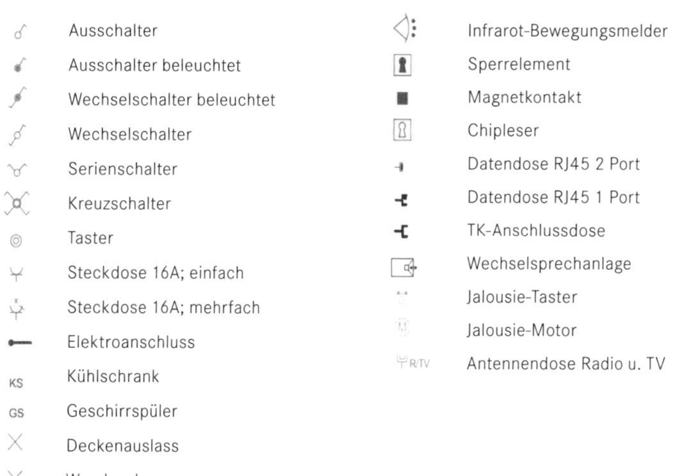

Abb. 48: Planzeichnen in der Elektroplanung

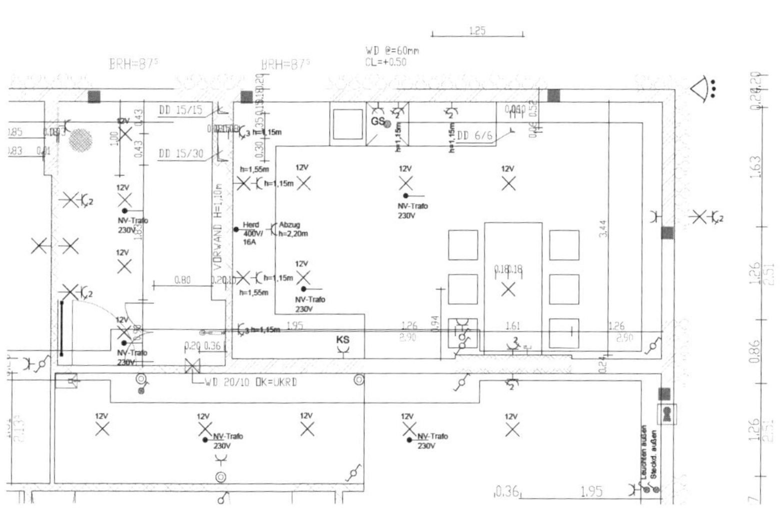

Abb. 49: Ausschnitt aus einem Ausführungsplan Elektro

Leistungsbedarfsrechnung

Die Dimensionierung von Netzen und elektrischen Anlagen erfolgt über die sogenannte Leistungsbedarfsberechnung. In der Berechnung wird berücksichtigt, welche Anschlussleistungen die jeweiligen Anlagenteile haben. Um die Anlagenteile projektieren zu können, müssen Nutzerforderungen, baurechtliche Auflagen, technische Einrichtungen und haustechnische Anlagen für die Entwurfsplanung zunächst grob, für die Ausführungsplanung dann detailliert erarbeitet werden.

Aus der Summe der Anschlusswerte einzelner Körper berechnet sich der Gesamtanschlusswert des Gebäudes. Dieser stellt die maximal erforderliche, elektrische Leistung dar. Beispiele für Anschlusswerte von Elektrogeräten in einem typischen Wohngebäude enthält > Tab. 7

Gleichzeitigkeitsfaktor

Der Leistungsbedarf wird ermittelt aus der Summe der installierten Leistung (bekannt durch die Anschlusswerte) und dem Gleichzeitigkeitsfaktor. Er berücksichtigt, dass nicht alle Verbrauchs- und Betriebsmittel sowie elektrischen Anlagen gleichzeitig eingeschaltet sind oder mit Volllast betrieben werden. Der Gleichzeitigkeitsfaktor g ist das Verhältnis der an einer Stelle des Netzes bzw. der elektrischen Anlage gleichzeitig in Anspruch genommenen Leistungen zu der hinter dieser Stelle installierten Leistung.

Tab. 8 enthält Orientierungswerte des Gleichzeitigkeitsfaktors für Wohngebäude und öffentliche Gebäude. Diese Orientierungswerte sind konkreten, projektspezifischen Ermittlungen nachrangig zu betrachten, da individuelle Energiebedarfe unter Berücksichtigung von tages- und jahreszeitlichen Änderungen im Einzelfall zu gänzlich anderen Faktoren führen. Für die Dimensionierung ist der ungünstigste Lastfall – also der Fall mit dem höchsten gleichzeitig auftretenden Energiebedarf – zu bestimmen.

Ausstattungswert

Neben den elektrischen Haushaltsgeräten sind zudem Steckdosen, Auslässe und Anschlüsse in der Planung zu berücksichtigen. Jedes Wohn-, Ess- und Schlafzimmer sollte gleichmäßig, mindestens mit einer Steckdose pro Wand, ausgestattet werden. Jeder Raum muss mit mindestens einem Schalter für die Beleuchtung bestückt sein. Steckdosen, die mit Spritzwasser in Kontakt kommen können wie z. B. in Küchen, Bädern und Garagen, sind mit einer Fehlerstrom-Schutzeinrichtung (FI-Schutz) zu versehen.

Elektrische Anlagen in Wohngebäuden sind – je nach Ausstattungswert – mit einer Mindestausstattung an Steckdosen, Auslässen und Anschlüssen zu versehen. > Tab. 9

Ein Ausstattungswert wird grundsätzlich für eine Wohneinheit definiert. Jeder einzelne Raum muss dann entsprechend seiner Nutzung den jeweiligen Mindestanforderungen eines Ausstattungswerts entsprechen. Eine raumweise Zuordnung ist möglich, wenn dies entsprechend vereinbart wird.

Die Zuordnung zu den jeweiligen Ausstattungswerten erfolgt unter anderem über die Anzahl der Steckdosen, der Beleuchtungsanschlüsse,

Tab. 7: Anschlusswerte von Haushaltsgeräten

Haushaltsgerät		Anschlusswert in [W]	
		von	bis
Bügeleisen	Wechselstrom	500	1000
Durchlauferhitzer	Drehstrom	12.000	21.000
Einbaubackofen	Drehstrom	2500	5000
Einbaukochmulde	Drehstrom	6000	8500
Elektroherd	Drehstrom	8000	14.000
Fritteuse	Wechselstrom	1600	2300
Gefriergerät	Wechselstrom	120	200
Geschirrspülmaschine	Wechselstrom	3000	4500
Kaffeemaschine	Wechselstrom	700	1200
Kühlschrank	Wechselstrom	100	130
Mikrowellenherd	Wechselstrom	1000	2000
Sauna	Drehstrom	4500	18.000
Staubsauger	Wechselstrom	300	1000
Warmwasserspeicher 15 l - 30 l	Drehstrom	1000	4000
Warmwasserspeicher 50 l - 150 l	Drehstrom	1000	6000
Wäschetrockner	Wechselstrom	3000	3600
Waschmaschine	Wechselstrom	2000	3300

Tab. 8: Gleichzeitigkeitsfaktoren für die Haupteinspeisung

Art des Gebäudes	Gleichzeitigkeitsfaktor	
	von	bis
Wohngebäude		
Einfamilienhäuser	0,4	0,4
Mehrfamilienhäuser		
- allgemeiner Bedarf (ohne elektrische Heizung)	0,6	0,6
- elektrische Heizung und Klimaanlage	0,8	1,0
Öffentliche Gebäude		
Hotels, Pensionen usw.	0,6	0,8
Kleine Büros	0,5	0,7
Große Büros	0,7	0,8
Ladengeschäfte	0,5	0,7
Schulen usw.	0,6	0,7
Krankenhäuser	0,5	0,75
Versammlungsräume	0,6	0,8

Tab. 9: Ausstattungswerte für elektrische Anlagen in Wohngebäuden (nach RAL-RG 678)

Ausstattungswert	Kennzeichnung	Qualität
1	*	Mindestausstattung gemäß DIN 18015-2
2	**	Standardausstattung
3	***	Komfortausstattung
1 plus	* plus	Mindestausstattung gemäß DIN 18015-2 und Vorbereitung für die Anwendung der Gebäudesystemtechnik gemäß DIN 18015-4
2 plus	** plus	Standardausstattung und mindestens ein Funktionsbereich gemäß DIN 18015-4
3 plus	*** plus	Komfortausstattung und mindestens zwei Funktionsbereiche gemäß DIN 18015-4

der Telefon-, Radio-/TV-/Datenanschlüsse für die unterschiedlichen Raumtypen im Wohnbereich. Exemplarisch für die Ausstattungswerte ist die Anzahl der Steckdosen (> Abb. 50) und Beleuchtungsanschlüsse (> Abb. 51) in den nebenstehenden Diagrammen dargestellt.

BERECHNUNGEN

Im Zuge der Ausführungsplanung werden zum einen die in der Entwurfsplanung erstellten Berechnungen um die zwischenzeitlich gewonnenen Erkenntnisse fortgeschrieben. Zum anderen erfolgt die vollständige Berechnung aller Anlagen und Anlagenteile unter Berücksichtigung aller Schnittstellen zum Schallschutz, Wärmeschutz und Brandschutz. Dazu gehören z. B. die

- Kabelquerschnittsberechnung
- Erstellung der Leistungsbilanzen der Anlagen, Lichtruf-, Brandmelde-, Beschallungs-, Antennenanlage
- Übertragungsnetze
- Auslegung der Zentralgeräte

BEMESSUNG

Alle Bemessungen erfolgen auf Grundlage der genannten Berechnungen. Auf dieser Basis werden zentrale Einrichtungen wie Antennen, Brandmeldezentrale (BMZ), Elektroakustische Anlagen (ELA), Datenverteiler usw. bemessen und die Kabel mit entsprechenden Tragsystemen ausgelegt.

SCHEMATA

Schemata mit zusätzlichen Leistungsdaten, Dimensionen, Qualitäten und Komponenten inklusive der Gebäudeautomationskomponenten, die für eine Anlage der Daten erforderlich sind, müssen erstellt werden.

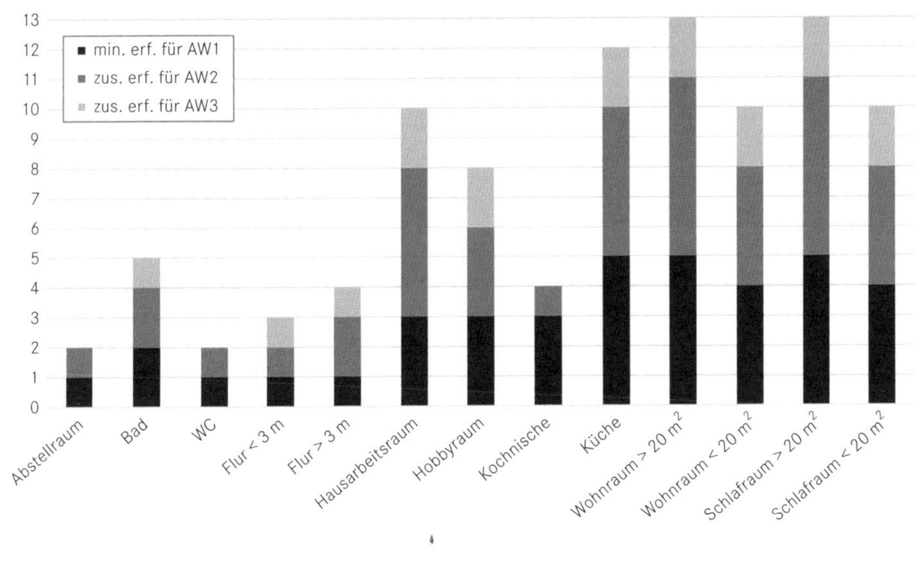

Abb. 50: Anzahl Steckdosen für Ausstattungswerte 1-2-3 (nach RAL-RG 678)

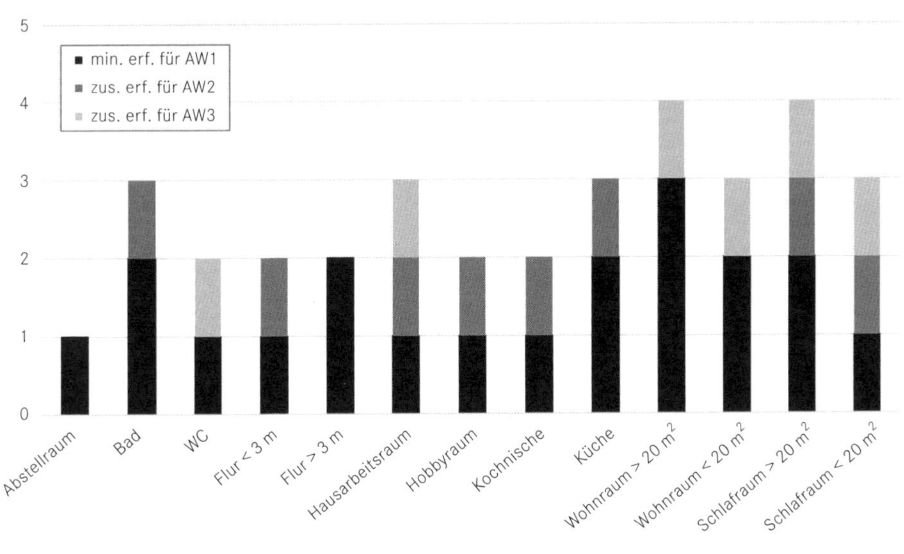

Abb. 51: Anzahl Beleuchtungsanschlüsse für Ausstattungswerte 1-2-3 (nach RAL-RG 678)

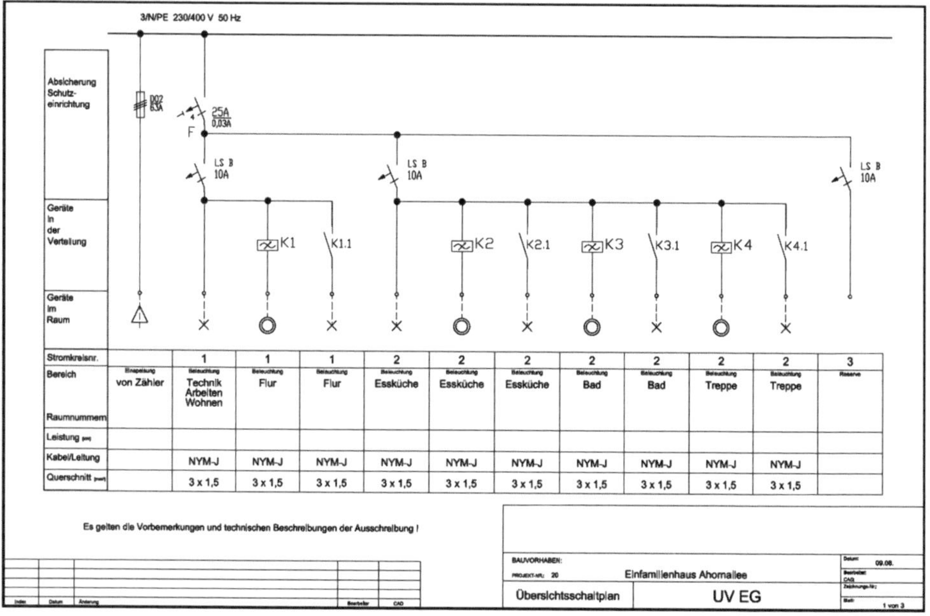

Abb. 52: Übersichtsschaltplan Elektro für ein Einfamilienhaus

Dazu gehören:

- Übersichtsschaltpläne für alle elektrischen Einrichtungen > Abb. 52
- Anlagenschemata
- Funktionsfließschemata oder Beschreibungen für jede Anlage mit Funktionskomponenten und dem Prinzip der Verteilung
- Leistungsaufnahmelisten der bauseits bereitgestellten elektrischen Komponenten

GRUNDRISSE UND SCHNITTE

Eine zeichnerische Darstellung durch Schnitte oder Ausschnittsvergrößerungen der Pläne wird benötigt, sodass Gewerke koordiniert werden können. Hierzu zählen im Speziellen Ein- und Ausfädelungen von Leitungen und Leitungstrassen sowie deren Querungen.

In den Zeichnungen erfolgt eine symbolhafte Darstellung der Bauteile (Lautsprecher, Brandmelder, Sprechstellen, Antennen, Tableaus, Datenanschlüsse usw.). Maßstabsgerecht hingegen werden z. B. Zentralgeräte dargestellt, um die Belegung von Hausanschlussräumen planen zu können. Dabei werden Grundrisse mit einem Maßstab 1:50 erstellt, Schnitte und Details mit einem Maßstab von 1:50 bis 1:1.

ANLAGENBESCHREIBUNG

Schließlich erfolgt die Beschreibung der Anlagenbauteile und anderer Einrichtungen. Dies muss so eindeutig erfolgen, dass für den Leser klar wird, welche Leistungswerte bzw. Kenndaten und gegebenenfalls auch Hersteller gefordert sind.

Schlusswort

Die Elektroplanung ist heutzutage kein Randgebiet der Gebäudeplanung mehr, die gegebenenfalls vor zehn Jahren noch von ausführenden Firmen als Service mit bearbeitet wurde. Mit der zunehmenden Komplexität unserer Gebäude aufgrund steigender Energiestandards und wachsender Komforterwartungen der Bauherren sind Gebäude sehr stark vernetzt und digital gesteuert. Die Erfassung klimatischer Daten, die Überwachung und Steuerung früher manuell betriebener Bauteile und Anlagen wie Fenster und Heizungsanlagen, der allgemein sehr hohe Automatisierungsgrad und schlussendlich die umfangreichen Sicherheits- und Gefahrenüberwachungen sorgen dafür, dass die Leitungslängen und die Anzahl der Komponenten pro Gebäude exponentiell zunehmen. Vollständig vernetzte Gebäudekonzepte wie Smart home, bei dem ergänzend alle nicht mit dem Gebäude verbundenen Geräte wie Haushaltsgeräte in die integrale Planung einbezogen werden, zeigen auf, dass die Entwicklung noch lange voranschreiten wird.

So ist eine sich in Wiederholungschleifen annähernde und integrative Elektroplanung notwendig, um die Belange von Beginn an zu berücksichtigen. Für praktizierende und angehende Architekten ist es daher wichtig, die Strukturen und Prinzipien der Elektroplanung und der zu integrierenden Systeme zu verstehen. Der Band *Basics Elektroplanung* vermittelt verständlich die Grundlagen, mit denen Architekten gemeinsam mit Elektroplanern die Inhalte der Planung abstimmen und fortschreiben können.

Anhang

NORMEN

Zur Minimierung des technischen Risikos bzw. zum Schutz aller Beteiligten beim Umgang mit elektrotechnischen Komponenten sind Elektroinstallationen in den meisten Staaten durch umfangreiche Planungsregeln normiert. Während vor Jahrzehnten Normen vor allem national erarbeitet wurden, gilt heute, dass Initiativen zentral über die International Electrotechnical Commission (IEC) eingebracht und anschließend von der Region beziehungsweise vom Land in die nationale Normung überführt werden.

Nur wenn die IEC an der Bearbeitung nicht interessiert ist bzw. zeitliche Einschränkungen vorliegen, wird ein Normenentwurf regional bearbeitet. Gegebenenfalls sind bei der Planung und Errichtung von Gebäuden darüber hinaus spezifische Vorgaben des Gebäude- und Anlagenbetreibers (z. B. Werksvorschriften) und des zuständigen Verteilnetzbetreibers (VNB) zu beachten und einzuhalten.

Eine Übersicht über die wichtigsten Normen und Normungsinstitute gibt > Tab. 10

Tab. 10: Übersicht Normen und Normungsinstitute

Regional	Amerika	Europa	Australien	Asien	Afrika
	PAS	**CENELEC**			
National	USA: ANSI	D: DIN VDE	AUS: SA	CN: SAC	SA: SABS
	CA:SCC	I: CEI	NZ: SNZ	IND: BIS	
	BR: COBEI	F: UTE	...	J: JISC	
	...	GB: BS		...	
		...			

ANSI	American National Standards Institute	IEC	International Electrotechnical Commission
BIS	Bureau of Indian Standards	JISC	Japanese Industrial Standards Committee
BS	British Standards	PAS	Pacific Area Standards
CENELEC	Europäisches Komitee für elektrotechnische Normung; engl.: European Committee for Electrotechnical Standardization (franz. Comité Européen de Normalisation Electrotechnique)	SA	Standards Australia
CEI	Comitato Elettrotecnico Italiano	SABS	South African Bureau of Standards
COBEI	Comitê Brasileiro de Eletricidade, Eletrônica, Iluminação e Telecomunicações	SAC	Standardization Administration of China
DIN VDE	Deutsche Industrie Norm Verband deutscher Elektrotechniker	SCC	Standards Council of Canada
EN	European Norm	SNZ	Standards New Zealand
		UTE	Union Technique de l'Electricité et de la Communication

LITERATUR

Bert Bielefeld: *Architektur planen*, Birkhäuser Verlag, Basel 2016

Dirk Bohne: *Technischer Ausbau von Gebäuden*, Verlag Springer Vieweg, Wiesbaden 2014

Wolfgang Burmeister; André Croissant; Matthias Kraner: *Das Baustellenhandbuch der Elektroinstallation*, Forum Verlag Herkert, Mering 2011

Andrea Deplazes: *Architektur konstruieren*, Birkhäuser Verlag, 4. erw. Auflage, Basel 2013

Georg Giebeler: *Atlas Sanierung*, Birkhäuser Verlag, Basel 2008

Gerhard Hausladen: *Ausbau Atllas*, Birkhäuser Verlag, Basel 2009

Ismail Kasikci: *Elektrotechnik für Architekten, Bauingenieure und Gebäudetechniker. Grundlagen und Anwendung in der Gebäudeplanung*, Verlag Springer Vieweg, Wiesbaden 2013

Jörn Krimmling; Uwe Deutschmann; André Preuß; Eberhard Renner (Hrsg.): *Atlas Gebäudetechnik. Grundlagen, Konstruktionen, Details*, 2. Auflage, Verlag Rudolf Müller, Köln 2014

Thomas Laasch; Erhard Laasch: *Haustechnik. Grundlagen - Planung - Ausführung*, 13. Auflage, Verlag Springer Vieweg, Wiesbaden 2015

RWE: *Bau-Handbuch*, 15. Ausgabe, Verlag EW Medien und Kongresse, Essen 2014

BILDNACHWEIS

Abb. 9, 11, 12: Bert Bielefeld: *Architektur planen*, Birkhäuser Verlag, Basel 2016

Abb. 33: Busch-Jäger Elektro, GmbH: *Produktkatalog*, Lüdenscheid 2016

Alle anderen Abbildungen: der Autor

DER AUTOR

Prof. Dr. sc. techn. (ETH) Peter Wotschke lehrt an der Hochschule für Wirtschaft und Recht Berlin Bauwirtschaft und Baubetrieb und ist Vorsitzender des Vorstandes der BMC Baumanagement & Controlling AG Berlin.

EBENFALLS IN DIESER REIHE BEI BIRKHÄUSER ERSCHIENEN:

Entwerfen

Basics Barrierefrei Planen
Isabella Skiba, Rahel Züger
ISBN 978-3-0356-1008-6

Basics Entwerfen und Wohnen
Jan Krebs
ISBN 978-3-03821-521-9

Basics Entwurfsidee
Bert Bielefeld, Sebastian El Khouli
ISBN 978-3-0346-0675-2

Basics Materialität
M. Hegger, H. Drexler, M. Zeumer
ISBN 978-3-0356-0302-6

Basics Methoden der Formfindung
Kari Jormakka
ISBN 978-3-0356-1032-1

Basics Raumgestaltung
Ulrich Exner, Dietrich Pressel
ISBN 978-3-0356-1001-7

Als Kompendium erschienen:
Basics Entwurf
Bert Bielefeld (Hrsg.)
ISBN 978-3-03821-558-5

Darstellungsgrundlagen

Basics Architekturfotografie
Michael Heinrich
ISBN 978-3-03821-522-6

Basics CAD
Jan Krebs
ISBN 978-3-7643-8086-1

Basics Freihandzeichnen
Florian Afflerbach
ISBN 978-3-03821-543-1

Basics Modellbau
Alexander Schilling
ISBN 978-3-0346-0677-6

Basics Technisches Zeichnen
Bert Bielefeld, Isabella Skiba
ISBN 978-3-0346-0676-9

Als Kompendium erschienen:
Basics Architekturdarstellung
Bert Bielefeld (Hrsg.)
ISBN 978-3-03821-528-8

Konstruktion

Basics Betonbau
Katrin Hanses
ISBN 978-3-0356-0361-3

Basics Dachkonstruktion
Tanja Brotrück
ISBN 978-3-7643-7682-6

Basics Fassadenöffnungen
Roland Krippner, Florian Musso
ISBN 978-3-7643-8465-4

Basics Glasbau
Andreas Achilles,
Diane Navratil
ISBN 978-3-7643-8850-8

Basics Holzbau
Ludwig Steiger
ISBN 978-3-0346-1329-3

Basics Mauerwerksbau
Nils Kummer
ISBN 978-3-7643-7643-7

Basics Stahlbau
Katrin Hanses
ISBN 978-3-0356-0364-4

Basics Tragsysteme
Alfred Meistermann
ISBN 978-3-7643-8091-5

Als Kompendium erschienen:
Basics Baukonstruktion
Bert Bielefeld (Hrsg.)
ISBN 978-3-0356-0371-2

Berufspraxis
Basics Ausschreibung
Tim Brandt,
Sebastian Franssen
ISBN 978-3-03821-518-9

Basics Bauleitung
Lars-Phillip Rusch
ISBN 978-3-03821-519-6

Basics Kostenplanung
Bert Bielefeld, Roland Schneider
ISBN 978-3-03821-530-1

Basics Projektplanung
Hartmut Klein
ISBN 978-3-7643-8468-5

Basics Terminplanung
Bert Bielefeld
ISBN 978-3-7643-8872-0

Als Kompendium erschienen:
Basics Projekt Management
Architektur
Bert Bielefeld (Hrsg.)
ISBN 978-3-03821-461-8

Städtebau
Basics Stadtanalyse
Gerrit Schwalbach
ISBN 978-3-7643-8937-6

Basics Stadtbausteine
Th. Bürklin, M. Peterek
ISBN 978-3-0356-1002-4

Bauphysik und Haustechnik
Basics Lichtplanung
Roman Skowranek
ISBN 978-3-0356-0929-5

Basics Raumkonditionierung
Oliver Klein, Jörg Schlenger
ISBN 978-3-7643-8663-4

Basics Wasserkreislauf im Gebäude
Doris Haas-Arndt
ISBN 978-3-0356-0565-5

Als Kompendium erschienen:
Basics Gebäudetechnik
Bert Bielefeld (Hrsg.)
ISBN 978-3-0356-0927-1

Landschaftsarchitektur
Basics Entwurfselement Pflanze
Regine Ellen Wöhrle,
Hans-Jörg Wöhrle
ISBN 978-3-7643-8657-3

Basics Entwurfselement Wasser
Axel Lohrer, Cornelia Bott
ISBN 978-3-7643-8660-3

Erhältlich im Buchhandel oder unter
www.birkhauser.com

Reihenherausgeber: Bert Bielefeld
Konzept: Bert Bielefeld, Annette Gref
Lektorat: Annette Galinski
Projektkoordination: Silke Martini, Lisa Schulze
Layout und Covergestaltung: Andreas Hidber
Satz: Sven Schrape
Herstellung: Heike Strempel

Library of Congress Cataloging-in-Publication data
A CIP catalog record for this book has been applied for at the Library of Congress.

Bibliografische Information der Deutschen Nationalbibliothek
Die Deutsche Nationalbibliothek verzeichnet diese Publikation in der Deutschen Nationalbibliografie; detaillierte bibliografische Daten sind im Internet über http://dnb.dnb.de abrufbar.

Dieses Buch ist auch als E-Book (ISBN PDF 978-3-0356-1299-8; ISBN EPUB 978-3-0356-1317-9) sowie in englischer Sprache erschienen (ISBN 978-3-0356-0932-5).

Postfach 44, 4009 Basel, Schweiz
Ein Unternehmen der Walter de Gruyter GmbH, Berlin/Boston

Gedruckt auf säurefreiem Papier, hergestellt aus chlorfrei gebleichtem Zellstoff. TCF ∞

Printed in Germany

ISBN 978-3-0356-0931-8

9 8 7 6 5 4 3 2 1

www.birkhauser.com